AF434333

# EL HALCÓN NO BEBE ALCOHOL

**Lucas Castillo**

# EL HALCÓN NO BEBE ALCOHOL

## Un vuelo por Asturias

# PRÓLOGO

Viajar es una provocación, una diversión, un estilo de vida, un entretenimiento o una profesión, cada cual tiene una cita particular con su destino. Viajar también es evasión, escape y búsqueda de respuestas que siempre abren nuevos interrogantes. Viajar es un estado de ánimo desconcertante y muchas veces exige sacrificio, esfuerzo y mucha curiosidad. El ser humano es viajero desde el origen de los tiempos, ha viajado por necesidad o por placer, por ambición, conquista, miedo, venganza o para explorar nuevos mundos y siempre se despierta cada día con el deseo de saltar nuevos horizontes geográficos o emocionales, un anhelo insaciable por descubrir la realidad que se esconde en los dibujos de los mapas o los lugares con nombres irremediablemente sugerentes. Llegar y descubrir es importante, y bastante satisfactorio en la mayoría de los casos, pero es mucho más importante salir de viaje y no dejar el camino.

Lucas Castillo en *El halcón, no bebe alcohol* propone un viaje muy especial, una aventura personal: "un vuelo por Asturias". Nada más y nada menos se mete en el cuerpo y alma de un halcón de espíritu inquieto y vagabundo y se lanza al vacío desde la torre de la catedral de Oviedo para iniciar un viaje sencillo y natural, cargado de pasión y romanticismo, y sobre todo de cariño y dedicación. A vista de pájaro descubre paisajes, monumentos, historias, cuentos, canciones, montes, playas y ríos de un territorio que transforma en un escenario tremendamente atractivo. El lector va a conocer a Kan y Sopdu, los protagonistas alados de la historia, y con ellos recorrerá valles, escalará montañas, dormirá en campanarios y roquedos, cazará palomas, brindará con sidra, bailará danzas tradicionales y poco a poco entrará en el denso mundo cultural de los pueblos astures.

Afrontar el reto de escribir un libro es una gran osadía, una exposición despiadada a la intemperie de la crítica, y lo peor de todo, a la incertidumbre ante la posibilidad de no despertar ningún interés por la historia. En cambio Lucas entra en el universo de la comunicación literaria sin esperar recompensa alguna, salvo que unos cuantos lectores disfruten con su libro, desnuda sus sentimientos para conquistar al viajero, no deja nada escondido ni usa artimañas y pone un gran sentido del humor en la narración, es natural y disfruta escribiendo, incluso usa el bable y la fala asturiana del occidente de Asturias para seducir aún más, unas veces medio en verso, otras en canción y siempre apoyado en un exquisita documentación que llena de datos cada capítulo.

Por si fuera poco, por si el patrimonio histórico y monumental de Asturias no diera para una gran viaje; por si el paraíso natural de los montes y cordilleras del Sueve, Picos de Europa, Redes, Somiedo o la lejana sierra de Rañadoiro y el desconocido alto Ibias fuera escaso en calidad ambiental; por si la herencia cultural, etnográfica y mitológica de los pueblos asturianos estuviese vacía de maravillas rurales y sorprendentes descubrimientos en la arquitectura popular, el folclore y las tradiciones; por si todo este rico legado, que podría llenar varias guías de viajes, no fuese suficiente como línea argumental del libro, pone a Kan y Sopdu de guías en este gran viaje, una pareja entrañable que pasan la vida viajando y hacen de la vida un viaje. Pura fantasía.

Solo me queda felicitar a Lucas por la creación de esta magnífica historia y darle las gracias por los ratos tan buenos que he pasado volando sobre los paisajes asturianos que tanto me gustan. Y por último invitar al lector que levante el vuelo y acompañe a Kan y Sopdu por un territorio universal sin dejar pasar la oportunidad de descubrir multitud de anécdotas, puntos de vista y curiosidades que van apareciendo en las páginas del libro, reflejo de una gran sensibilidad del autor, que convierten *El halcón no bebe alcohol* en un relato único y particular.

Juanjo Alonso
Madrid 13 de diciembre de 2013

A mi hijo Javier, por ser como fue

A todos los que luchan y lucharon
por vencer el cáncer.

A celadores, enfermeras y médicos,
por su trabajo, entrega y dedicación.

**I**

## QUE BONITO ES VOLAR

Amanece en Oviedo, una luz tenue ilumina la ciudad, los recién nacidos rayos de sol se van colando por huecos, ramas y ventanas, las sombras aparecen, la luz se extiende. Un mes de Mayo, un mes de Abril, no sé en qué mes fue en el que nací.

Pero si sé que a los cuarenta días un triste hecho marcaría mi porvenir, mis dos hermanos mayores, no dejan de incordiar y molestar, saltan a mi alrededor, no me dejan dormir, me miran, se estiran, cuando de repente el mayor, Alonso, me clava las uñas, me grita al oído y, lanzándose al vacío, cae, despliega sus alas, planea, el nido queda atrás, gana distancia, su madre le mira complaciente, le llama, pero él no quiere volver, cae en picado y vuelve a ascender, su padre desde 200 m de altura le contempla escéptico pero orgulloso, ya empezamos a volar. Mi madre nos recuerda que no debemos olvidar que nuestra familia las Falcónidas están entre los animales que alcanzan las mayores velocidades del mundo.

De mi ala izquierda sale un hilillo de sangre, ¡aaaah! las uñitas de Alonso. Como buen hermano también me gusta jugar, me miro la sangre, se me cruzan los cables y, sin pensarlo dos veces, me lanzo al vacio a por él, caigo, planeo, pero algo va mal, es mi primer vuelo, allí está Alonso, aleteo, el ala no responde bien y, cuando me quiero dar cuenta, contra el suelo de la plaza de Alfonso II el Casto me estampo, miro hacia arriba, la torre de la catedral de Oviedo me parece colosal, a 70 m de altura está el nido, próximo a la campana Wamba. Intento erguir mi cuerpo maltrecho, pero una pata me falla, y el ala, si, si, la de las uñitas,

11

está hecha un guiñapo, mis ojos se humedecen, pero por mi mente pasa una frase "los halcones no lloran", me trago las lágrimas, mi vista atisba la entrada en la plaza de un bulldog, ¡estoy perdido!, cuando de repente la sombra de mi padre Mateo veo caer, me atrapa con sus garras y se eleva justo cuando el gran bulldog me enseña sus dientes, ¡¡uuuf!!, menos mal, por poco. Mi vida en un día me regala dos.

Ya en el nido mi hermano Pelayo me mira bizqueando y canturreando me susurra una frase con retintín "Manolete, Manolete, si  no sabes torear pa que te metes", me enfado, me enfrento a él ¿eres tonto o qué? Mi madre, Pluma Gris, rápidamente se acurruca a mi lado me da calor, sosiego y tranquilidad. Mientras tanto Alonso y mi padre planean en pareja, suben y bajan, dibujan el ocho, Pelayo en el nido se distrae aleteando, estirando sus alas, fortaleciéndolas,  poco le debe quedar para volar, a mí poco a poco me vence el sopor y me sumerjo en mis sueños, rememoro las idas y venidas de mi padre detrás de ciclistas con prendas de color, unos van a Santiago otros a León, sus lances en el cielo, su elegancia en el volar, sus giros y acrobacias, cuando siento un pinchazo, un gran dolor, mi ala no está bien, ensangrentada y sucia descansa sobresaliendo del nido del hogar.

Mala noche he pasado, noche de vela, noche de dolor, hasta que mi madre me dio algo así como un paracetamol. Con las primeras luces, entreabro mis ojos, Pelayo ¡ya sabe volar!, hace un rizo, planea, se acerca de lado, roza el nido y me guiña un ojo, le sonrío y asciende, asciende para caer en picado a gran velocidad y, volver a ascender, qué suerte la suya, poder volar.

Los días pasan. Desde mi atalaya veo a mis hermanos planear, jugar, cazar. Mi recuperación es lenta. Entreno mis alas ¡qué ganas tengo de conocer en vuelo la ciudad! Salvo Pelayo, todos tenemos la espalda negro azulada, él gris pizarra ¡Qué lejos quedó ese plumón blanco y cremoso que solo unos días aguantó! Allá va Alonso, así le puso mi padre por su gran amor y entusiasmo por la velocidad. Su hermano a duras penas le sigue cuando empieza a apretar. A mí me pusieron Gengis-Kan, por su historia, sus viajes constantes y su libertad, pero con estas alas, me parece que no voy a llegar ni a Kan. La visión desde el nido es espectacular, parte de la plaza y la gran ciudad.

Ha pasado ya un mes desde mi batacazo, desde entonces no he parado de aletear, comer y descansar. Estoy decidido, quiero volar, las sensaciones que tengo son buenas, hoy nuevamente probaré el vacío, apenas he comido, los nervios atenazan mi pensar, limpio mis alas, aleteo, me estiro, suenan las campanas, ya no me estremezco como tras los primeros días de nacer, ahora las echaría de menos si dejasen de sonar. Cuatro campanas en este campanario son, se llaman Santa Cruz, Wamba, Santa Bárbara y Esquilón. Wamba, la más antigua en uso de España, es mi preferida, al igual que mi cuerpo  su bronce está herido, una raja merma su sonar.

Por fin me animo y me lanzo al vacio, enseguida planeo, aprovecho una corriente que me hace ascender, aleteo, no siento apenas molestias, voy a caer en picado, mis padres expectantes me observan así como Alonso y Pelayo con sus picos abiertos. Desde doscientos metros la plaza se esconde entre calles y callejas, ahí está el campanario, a mis pies, pliego mis alas, pego mis patas al cuerpo y caigo. Voy cogiendo velocidad para llegar a tierra, la velocidad aumenta, la distancia al suelo disminuye,
180m, 150m, 100m, gracias a mis párpados nictitantes, unas segundas membranas a manera de párpados, protejo mis ojos y mantengo la visión, 80m, el picado es el mismo que cuando caí por primera vez, supero los 250 km/h., que estupenda sensación, 50m y despliego mis alas, elevo mi cola, mi cabeza, me introduzco en una corriente ascendente. Todo va bien, subo a 300m planeo, mi alegría es inmensa, hago ochos alrededor de la catedral, contemplo la ciudad, sus tejas, veo sus ventanas brillar, sus balcones, plazas, el Naranco más allá y vuelvo al nido, por hoy es suficiente, la prueba para mí ha estado requetebién.

Según pasa el tiempo, me encuentro mejor, el ala quedó algo afectada pero en vuelo mi dominio es casi total. Desde el nido me asomo a la plaza, siempre bulliciosa y alegre, las voces, palabras y gritos llegan hasta este lugar. Ahí está la guía pizpireta con la tercera edad, señalando la torre, mis oídos captan sus palabras "estilo gótico, remate renacentista, siglo XVI". Cuando veo a estos grupos, moviéndose despacio, basculando, parándose para mirar, recuerdo los comentarios de mi padre sobre la edad del hombre, decía: el hombre tiene cuatro edades, en la primera edad, son como polluelos de halcón, en la segunda aprenden con el volar, ya en la tercera edad, ocio y achaques y algo no va y en la cuarta, la del ¡ay! que no puedo, ¡ay! que no llego, ¡ay, ay, ay!. Mi madre entre risas añadía una quinta edad, la de la viuda, ahí te quedas rapaz.

El verano está al llegar, mis hermanos salen casi todos los días al monte a cazar, aunque a mí me gusta más la ciudad. Uviéu, como la llaman los del lugar, capital del Principado de Asturias, es el centro comercial, religioso y administrativo, de esta hermosa región. Todavía no se aclaran sobre el origen del nombre de la ciudad. De todos yo me quedo con el de Iove (Júpiter), así llamado por ser el montículo donde se asienta el núcleo de la ciudad, lugar de veneración al dios Júpiter. Cuando vuelo por la capital, no dejo de admirar las esculturas de bronce repartidas por la ciudad. Junto a la catedral la escultura de la Regenta por sus formas me recuerda a una de las campanas de mi hogar, la Santa Cruz , con su falda *almidoná*. Otras esculturas que llaman mi atención, la Lechera y su burrito, Woody Allen, con gafas, sin gafas, las Vendedoras del Fontán, el Culis Monumentabilus, la Maternidad, el Vendedor de Pescado,  Adiós Cordera, Esperanza Caminando, la Bella Lola, la Concordia y otras tantas distribuidas por toda la ciudad.

Aunque mi familia es cosmopolita no deja de sorprenderme la ciudad. Un día de poco ajetreo con el fin de sentir de cerca, lo que el hombre llama arte, me posé encima de una de las figuras al monumento de la Concordia. La gente pasaba de un lado a otro, los vehículos también, ensimismados en sus pensamientos, la gente no ve más allá. Diez minutos estuve y nadie se percató de mi presencia, solo al levantar el vuelo un niño risueño me señaló. Ahora eso sí, llegan los turistas y se paran, miran, remiran, tocan, retocan, exclaman, siendo los mismos que pasan deprisa delante de un monumento en su ciudad, desconociéndolo, ignorándolo. ¡Aaah! El Tiempo, el Arte, el Hombre, las Vacaciones, la Ciudad.

Hoy he conseguido colarme en la Cámara Santa (s.IX). A escondidas y con sigilo he entrado antes del amanecer, días y días escuchando a través de las paredes las explicaciones repetitivas y apasionadas del guía con razón. Declarada Patrimonio de la Humanidad por la UNESCO, fue reconstruida por Alfonso II el Casto, sobre la iglesia erigida por Fruela I en el siglo VIII y dedicada a San Salvador. Desde entonces se guardan en ella las Reliquias y Tesoros de la Catedral: el Arca Santa, el Santo Sudario, la Cruz de la Victoria, la Cruz de los Ángeles, y el Arca de las Ágatas.

Pero vayamos por partes. El Arca Santa proviene de un antiguo arca de cedro que contenía las reliquias de Jesús y María, guardado allá por tierras de Jerusalén, distintos avatares hicieron que llegara a España. San Isidoro de Sevilla, al ser nombrado obispo de Toledo, llevó el Arca consigo, sustituyendo el antiguo por uno de roble. La invasión musulmana hizo que se trasladase a Oviedo y allí, con motivo de la visita del rey Alfonso VI (1075), se procedió a la apertura del Arca y, como homenaje a su valioso contenido se le recubrió de plata, como así está actualmente, siendo el Santo Sudario de N.S.J.C. su más preciado tesoro.

El Santo Sudario es un lienzo de lino blanco que, según la tradición fue, colocado en el rostro de Jesucristo, en el descendimiento de la cruz, hasta su definitivo entierro. La leyenda dice que fue encontrado por el apóstol San Pedro en la tumba de Jesucristo junto con la Sábana Santa. De forma rectangular, está manchado, sucio, arrugado y quemado. Sus manchas de color ocre y un poco de imaginación le dan el nombre del Santo Rostro del Señor. En Oviedo es conocido popularmente como El Pañolón. Pruebas y estudios recientes han dado con la conclusión de que su composición sanguínea (Tipo AB), así como la presencia de granos de polen del lugar, lo relacionan estrechamente con la Sábana Santa de Turín, llegando a creer que ambas prendas debieron cubrir la misma cabeza en un mismo tiempo y lugar. Las dos piezas contuvieron a un hombre de fuerte constitución de 30 a 40 años, con barba y cabello largo recogido en la nuca.

Aquí acurrucado no puedo dejar de admirar tanta belleza. La Cruz de la Victoria, con su brillo y resplandor llama la atención. De forma latina está recubierta de oro, esmaltes y pedrería tallada, siendo hoy el emblema heráldico del Principado de Asturias. En la parte central de la cruz, se halla un compartimento que, según diversos autores contuvo un fragmento del Lignum Crucis. Según la tradición, la cruz de madera que se encuentra en su interior fue la que el rey don Pelayo enarboló en la gran batalla de Covadonga librada en el año 722.

Sí, la Cruz de la Victoria no tiene parangón. La Cruz de los Ángeles le sigue en el escalafón, cruz-relicario en forma de cruz griega, fue donación de Alfonso II el Casto, rey de Asturias, sí, sí, el de la plaza. Dice la leyenda: "...que un buen día, al llegar el rey a palacio, se topó de repente con dos peregrinos orfebres, rostros que en sueños como ángeles él conoció. Sin dudarlo les encargó una cruz para donarla a San Salvador, cedióles una casa, y oro y piedras preciosas les entregó. Pasaba el tiempo y de los orfebres dudó, envió a sus servidores, los cuales no pudieron ni entrar al salir de la casa un gran resplandor, informaron al rey y en persona allí se fue, cuando al entrar vacía la encontró, solo una preciosa y brillante cruz de oro halló. Alfonso II tomando la cruz, la llevó a la iglesia de San Salvador y allí la depositó"

Cuando absorto estoy viendo la preciosa Caja de las Ágatas, oigo ruidos, pasos, me pueden descubrir, tengo que huir, me elevo, y por el hueco por donde entré salgo al exterior. Si sale con barba San Antón, sí no la Purísima Concepción.

Ya en el exterior, mis pulsaciones retoman su ritmo natural. Estoy muerto de hambre, las horas se pasaron volando en ese rincón. Decido cazar algo, poco tiempo pasa y ya tengo a la vista unas cuantas palomas bravías, las comunes de ciudad, las cuales nada más verme inician el despegue en vertical, despegue que siempre me llamaron la atención. Fijo mi vista en una de ellas y me lanzo a por ella. En vuelo horizontal la paloma, aun a pesar de su peso, adquiere una gran velocidad. Por experiencia sé que en resistencia tengo las de perder, por lo tanto me elevo por encima de ella y me dejo caer.  Cuando estoy a punto de atraparla, me sorprende su actuación, su golpe maestro, (mi hermano Pelayo ya me había hablado de esa estrategia y no le presté la adecuada atención) y, de repente,  en una fracción de segundo, la paloma deja de aletear, se para en pleno vuelo y su cuerpo cae por la gravedad. La sorpresa es tan grande que no me da tiempo a reaccionar y, cuando me quiero dar cuenta, la paloma está fuera de mi alcance. Termino cazando y comiéndome un joven y distraído patito del lugar.

En vuelo y a una gran distancia veo a Alonso. Una de las virtudes del halcón es su prodigiosa vista, siete veces la del hombre, más de diez kilómetros con total precisión. Me dirijo hacia él, dando vueltas en las faldas del Naranco está. Me encanta ese maravilloso lugar. La primera vez que estuve, al ver las iglesias de Santa María del Naranco y San Miguel de Lillo, el síndrome de Stendhal me atacó. Tal vez fuese el momento, no lo sé, la niebla ascendía, y entre la niebla y unos rayos de sol, emergieron las dos iglesias, bellas, sobrias, esbeltas. Mi ritmo cardiaco aumento, círculos y círculos atontado describí. Fue tal su belleza e impresión, que aún hoy cuando las veo sigue cambiando el ritmo de mi corazón. Me uno a Alonso y juntos subimos a El Sagrado Corazón, situado en la cima del Naranco. Desde su altura vemos Oviedo en toda su extensión. Con sus brazos extendidos, el Sagrado Corazón de Jesús (1980) parece un halcón. A sus pies, una réplica de la Cruz de la Victoria me recuerda el privilegio de haber nacido a escasos metros por encima de la auténtica Cruz.

La tarde empieza a caer, el ocaso, la noche. La ciudad se empieza a iluminar y, en un plis-plas volvemos a nuestro hogar. Pelayo no está. Ayer le vi cabizbajo, tal vez esté enamorado o le haya llegado la hora de su emancipación.

Han pasado unos días y Pelayo no ha vuelto. Tal vez le hayan tocado el corazón. Si partimos de lo fecundos que somos, al ser las aves de presa más extendidas del mundo y del carácter independiente y enamoradizo de mi hermano, razones me sobran para pensar que haya terminado por emparejarse en cualquiera de sus viajes por los Picos de Europa, lugar de su devoción, pues cualquier otra incidencia le hubiera hecho volver al hogar, le conozco.

"Volaaaando voy, volaaaando vengo, por el caaaamino yo me entreetengo" dice una canción, y así es, cuando me quiero dar cuenta estoy sobrevolando la muy noble ciudad. Sigo con la vista su arteria principal, la calle Uría, cargada de grandes almacenes, cafeterías, tiendas de marcas, boutiques, grandes bancos. Cuando fijo mi vista sobre una placa en la acera dedicada al Carbayón, lo de siempre, una remodelación, una expansión hizo que un roble centenario, un carbayo, desapareciera. La placa dice "Aquí estuvo durante siglos el Carbayón, árbol simbólico de la ciudad, derribado el II de octubre de MDCCCLXXIX. La Corporación municipal acordó el XXIV de marzo la colocación de esta placa que perpetúe su memoria". ¡Aaaah, los hombres! Ayer el Ayuntamiento lo tala y hoy le llora. Al día siguiente de la tala el semanario El Carbayón en su primera edición le homenajeo con este pasquín:

Aquí estuvo el Carbayón,
Seiscientos años con vida
y cayó sin compasión
bajo el hacha fratricida

de nuestra corporación.
Este pasquín respetad,
si sois buenos ovetenses,
y en su memoria llorad
todos los aquí presentes
por el que honró la ciudad.

Roble o carbayo, siempre que lo veo y puedo sobre sus ramas reposa mi corazón y me siento carbayón. Decido descender y lo hago sobre uno de los lugares más significativos para los ovetenses, el Campo de San Francisco, uno de los jardines más grandes de Oviedo y pulmón de la ciudad. Me poso con sigilo en un castaño de indias, lejos de palomas, mi gran tentación. Diviso un pavo real con su cola recién abierta y gente a su alrededor. Del parque me llama la atención, la Fuente del Caracol, el Estanque de los Cisnes, la réplica a la estatua de San Francisco de Asís (Juan de Mena), la de Sabino Fernández Campo (Víctor Ochoa), el Quiosco de la Música y sus paseos, frondosidad y verdor.

Levanto el vuelo, cada vez hay más pajarillos y, aun a pesar de mi hambre, no quiero dar un escándalo público desplumando algún que otro ser en pleno jardín municipal. Aprovecho una corriente de aire caliente y me elevo aún más. Desde las alturas el parque se ve casi rectangular. A mi diestra la Catedral es fácil de divisar, pues está en el centro de un círculo relleno de callejas y tejados en rededor. Más allá otro parque el Campillín, claro más chiquitín, y según voy cogiendo altura, destacan las vías, autovías, divisiones, parcelas, manchas verdes, oscuras, ocres y el centro de la ciudad, ¡Qué bonito es volar!

**II**

## AL SEPTENTRIÓN, AL SEPTENTRIÓN

Abandono la ciudad  hacia el norte. Veo como el Monte Naranco se queda atrás, es el gran protector de Oviedo, rogando a los dioses, atrapando las nubes, suavizando los vientos.

Sigo mi vuelo, no he dicho ni adiós. Las vistas cada vez mejor. Pronto llega Lugones. A lo lejos veo pasar ánades reales en formación. Oigo a los machos con sus reclamos de "reb-reb", a las hembras con sus cacareantes "cua-cua". El sol me orienta y me sitúa.  Una carretera lleva mi misma dirección. El municipio de Llanera me recibe, Lugo de Llanera al Este  y el pueblo de Posada a mis pies. Una vez más otra iglesia en honor de San Salvador y el olor a bollu preñáu. Decido seguir, los vientos soplan del Norte, asciendo o desciendo aprovechando las corrientes. Una carretera se empina y serpentea, curvas y contracurvas, precaución amigo conductor. Mi vuelo es rectilíneo, elegante, más de un metro de envergadura me permite avanzar con gran velocidad.

Diviso el Alto de Miranda y a lo lejos veo una nube de estorninos cruzar, conozco sus estrategias, su gran agilidad, en fin un reto para mí, el Falco Peregrinus, el Gengis-Kan, y a por ellos voy. Subo, asciendo un poco más, tengo que pillarles por sorpresa, cuando el estornino vuela lo hace en grandes bandadas, su mejor defensa es el agrupamiento. Se me erizan las plumas solo con pensar en el momento, ya estoy por encima, la bandada cambia rápidamente de dirección, y eso que no me han visto. Me sitúo a su cola, pliego mis alas, mi cuerpo adquiere la forma de flecha, caigo en picado, más y más velocidad, la presión

20

atmosférica cada vez es mayor, podría dañar mis pulmones, pero unos pequeños tubérculos óseos en mis fosas nasales reducen esa presión, 200 km/h  estoy a punto de contactar, no puedo errar, aprieto mis garras y golpeo a un estornino con total precisión que la nube se divide en dos y el estornino cae solitario entre plumas y chirridos. Está atontado, giro lo más rápido que puedo y entonces lo capturo en el aire. La negra y  espesa nube se aleja y yo desciendo con mi trofeo, es hora de almorzar.

Una vez repuesta la perdida de energías, sigo hacia el Norte. Llego a un alto y aprovecho las corrientes que descienden por el valle. Estos descensos son una de las mayores satisfacciones del volar. Las corrientes peinan las laderas, solo tienes que extender las alas y dejarte llevar, siempre atento a los cambios, al terreno, al peligro por llegar. En la distancia veo a un águila real, es uno de nuestros mayores enemigos, junto algún que otro búho real. Antes de que me vea, desciendo y me escondo en un hermoso carbayo. Aunque su vista es impecable, no ha tenido oportunidad de verme bajar, dando vueltas mantiene  su vista fija en algún mamífero roedor. La espera en el valle es larga y, desde la altura a la que está sería difícil de escapar. Al final desciende sobre su presa, y yo aprovecho la ocasión  para dejar el carbayo, huir y sentir de nuevo la libertad.

Al septentrión, al septentrión martillea mi cerebro, al norte, al norte, derivado de la palabra  Ner que significa "izquierda", es decir, cuando uno se enfrenta al sol por la mañana, el norte siempre está a la izquierda. Y eso es lo que tengo que hacer siempre al amanecer,  mirar al sol y volar a la izquierda.

La tarde está brillante, mantengo una media de velocidad más bien baja  para poder disfrutar con toda intensidad.  Las aldeas, pueblos, arroyos, espadañas, hórreos, campos en barbecho, tierras fértiles y tierras sin roturar, van quedando atrás. A  mi siniestra, los poblados de Cancienes y Mora, dos vuelos más y cruzando la autovía estoy. Desde una gran altura y a mi izquierda diviso a la lejanía las primeras casas de Avilés. De frente una mancha azul reflejando en su superficie el color que día tras día ve. Me dirijo hacia ella, es el Embalse de la Granda, perteneciente al  concejo de Gozón, y propiedad de Arcelor. Su entorno está catalogado como Zona Especial de Protección para Aves (ZEPA). Según desciendo veo un martín pescador y dos líneas paralelas sobre la superficie de sus aguas, son dos piraguas deslizándose a gran velocidad. Las sigo con la vista, me hipnotizan con su navegar, desciendo y en la rama de un sauce a la orilla del embalse me poso y reposo. No acabo de descansar cuando me lanzo sobre un lagarto verdinegro, su gran velocidad le ha librado de caer bajo mis garras. Me vuelvo al sauce, y sonrío a las nubes que, con sus formas caprichosas, se reflejan en las aguas al pasar. En la rama decido cambiar mi rumbo y dirigirme hacia el occidente. Abandono este pequeño y maravilloso humedal.

Me recibe Avilés. La ría divide en dos a la ciudad. El fuero de Avilés, primer documento escrito en asturleonés, otorgado por el rey Alfonso VI, le da categoría de Villa de Realengo a esta ciudad. Privilegios posteriores dados  una y otra vez por los reyes, por su inquebrantable fidelidad a la corona más la libertad comercial  otorgada desde "la mar hasta León" ampliarían su esplendor mercantil. Su tráfico portuario entre los siglos XII y XVI demostró su valor estratégico con un gran comercio marítimo entre Avilés y el Norte de Europa. Avilés sería el gran almacén de la sal de Asturias y León, distribuyendo también la producción de salinas gallegas, andaluzas, portuguesas y francesas. La industrialización le llegaría en el siglo XIX, para despegar en el XX con sucesivas ampliaciones de su puerto, la siderurgia se instalaría en ambos márgenes de la ría de Avilés. Pero la crisis de los ochenta le llegó con la "Reconversión Industrial", es decir, cierre de industrias y reducciones masivas de plantillas.  Para colmo de males en 1981 Avilés fue declarada Zona de Atmósfera Contaminada, siendo la ciudad más contaminada de España y la segunda de Europa después de la ciudad polaca de Katowice. Actualmente la recuperación medioambiental de la ciudad crece a pasos agigantados  y están en plena innovación.

Pero dejemos la historia y sigamos volando. Su casco antiguo me impacta, declarado Conjunto Histórico Artístico, sus calles, sopórtales, balcones y miradores que veo entre tejados, sombras y reflejos de luz, parecen estar anclados en el ayer. Una pequeña calle empedrada con su adoquinado especial, calle Galiana, detrás el Parque Ferrara con su jardín francés, parroquias de San Nicolás de Bari, de Santa María Magdalena de Corros, iglesias de Santo Tomás de Cantorbery  y Vieja de Sabugo,  plaza del Carbayo, Ayuntamiento de Avilés, los Palacios de Camposagrado, de Valdecarzana o casa de Baragaña, de Ferrera, de Balsera, de Llano Ponte, de Maqua, Teatro Palacio Valdés y, tantos edificios más.

Junto a la ría, en su margen derecho, una construcción llama mi atención. Veo un gran nido y medio huevo dentro, blanco como la cal. Según me acerco, su dimensión es colosal, una torre mirador a su lado parece la cabeza del ave que acaba de eclosionar. Escudriño, miro por aquí y por allá. Se llama Centro Cultural Internacional Oscar Niemeyer o más popularmente conocido como Centro Niemeyer, por su creador. Arquitecto de prestigio universal, creador de la ciudad de Brasilia, Premio Príncipe de Asturias de las Artes  en 1989, en agradecimiento donó años más tarde este proyecto al Principado que, según sus propias palabras, será la obra más importante que ha realizado en Europa, un lazo de conocimiento y creatividad, un centro de cultura universal. Una Fundación se encarga de programar las actividades y presentarlo en el panorama internacional. El Centro también cuenta con un Consejo Asesor Internacional, formado por personalidades de la máxima relevancia mundial como son el cineasta Woody Allen, el científico Stephen Hawking, el escritor Paulo Coelho, el creador de Internet y Vicepresidente de Google, Vinton Cerf y el actor Brad Pitt, ¡casi *na!*, como diría mi querido y gracioso hermano el arlequín. El tiempo, intereses políticos y monetarios, volverían nuevamente a contaminar esta preciosa ciudad.

Abrumado me voy, dejo la Isla de la Innovación. Una pasarela de acero "la grapa" conecta la vanguardia con el centro de la ciudad. Me paro en el Parque del Muelle, necesito reflexionar, oigo el titilar producido por las vergas y botavaras de los barcos y veleros, que están como yo descansando y en espera de salir a la mar. ¿Qué me deparará el mar? Siento inquietud, desconozco lo que habrá más allá.

Mientras tanto, sentada en un banco, una mujer con sus gafas de anteayer no para de leer, las gaviotas la gritan, la rozan, pero ella no deja de leer. Agudizo mi vista, sobre sus manos un libro, del lomo aparta sus dedos y su título llego a leer "También se muere el mar". Su autor, un gran diplomático, político y buen escritor, el avilesino Fernando Morán.

Remonto el vuelo, me despido de la ciudad. Al septentrión, al septentrión.

# III

## EL MAR

En vuelo sigo por la ría de Avilés, paralelo a la superficie rozando sus aguas voy, Charca de Zeluán y salgo al mar. Es la primera vez que veo esta extensión, mi madre Pluma Gris, siempre me habló con gran respeto del mar, de su libertad, del dolor que produce la mar.

Me adentro en esa masa azulada. Está embravecida, salvaje, brutal. Mi cuerpo se empequeñece con tanta inmensidad, mas allá su complicidad con el cielo me da aún más libertad. Las corrientes aquí son muy distintas a las que en tierra sueles tener, son más rebeldes, juegan con las olas, con los acantilados, con el mar. Alcanzo gran altura, por debajo la sima de Avilés y en sus profundidades el Kraken navegando a la par. Me acerco a la costa, hacia oriente, la bordeo. La primera playa que me encuentro es la de Xagó, me parece espectacular, dunas de arena anteceden al mar, montes verdosos limitan su extensión, gaviotas por doquier. Le sigue Cabo Negro, playa de Aguilera y la extraordinaria de Verdicio entre lomas del lugar, playa de Ferrero, imponentes acantilados y el Cabo Peñas, el punto más al septentrión

Desciendo hacia el faro del Cabo Peñas y me poso en una barandilla a barlovento del mar. Veo a un cachalote atrapado por un calamar, un tiburón y bandera azul, ¡aaah! son esculturas de su Centro de Interpretación. Pasa el tiempo, contemplo la tierra, el mar y unas lágrimas están a punto de brotar, será el agua salada de la mar. Restriego mis ojos, limpio mis alas, me estiro y ¡Ale-hop! un saltito y pelillos a la mar, me dejo llevar, mi vista alcanza hasta Gijón, la corriente me envuelve y el viento me enseña la playa de Lumeres. Asciendo rozando los acantilados, salpicado por la espuma del mar, paso el Cabo de la Narvata para sorprenderme y admirar la playa de Bañugues, las aguas entrando y saliendo entre la Punta del Aguión y Muniello, playa de Sta. Marina y Luanco, capital del concejo de Gozón. Unos pocos kilómetros de costa y he visto más aves que en un mes, correlimos, chorlitejos, archibebes, ostreros, avocetas, cormoranes, ánades, charranes, gaviotas, fochas, sin contar distintas especies y pajarillos del lugar.

En Luanco hasta el coqueto y precioso puerto tiene su ave, Puerto del Gayo. Sobrevuelo la Torre del Reloj y la iglesia de Santa María de la Anunciación. No puedo pasar a su interior pues en el campanario repican las campanas y no hallo un lugar mejor por donde pasar pero, según dicen, en su interior el barroco contrasta con la sobriedad exterior. Cinco retablos tiene, destacando su retablo mayor con la imagen del Cristo del Socorro. Bordeo la iglesia y en la calle Salvador Escandón contemplo la modernista casa Morí, típica casa de indianos, con su luminoso jardín. Más allá el Palacio de los Menéndez Pola, cuando me dirijo hacía él, me caen unas gotas, la lluvia me empieza a empapar y, de repente ahí está, en el horizonte un gran arco, unas rayas de color, incrédulo, sorprendido, me voy hacia el mar, desciendo sobre la ermita de la isla del Carmen, me poso y ahí observo uno de los mayores espectáculos ópticos que la naturaleza nos puede brindar, gotas por aquí y gotas por allá y, en la lejanía el arco iris sobre el mar despliega sus colores, rojo en la parte exterior y violeta en el interior, el sol a mi espalda, triunfante, orgulloso, pinta con sus rayos un lienzo natural.

No sé el tiempo que permanezco con el pico abierto y sin respirar, hasta que un grito repetido y estridente, ¡ga-ga-ga! me vuelve a la realidad, una gaviota argéntea, no solo se ha reído de mí, de mi pico abierto, de mi estado de alelí, sino qué también se ha ciscado sobre mí. Salto sobre mis patitas y me sobresalto, maldigo a mi enemigo, grito ¡guiguigui!, me lanzo a por ella, la sigo, la persigo, se dirige a los acantilados, está en su espacio, en su lugar, me dribla, no calculo bien la fuerza de una corriente y apunto estoy de estrellarme en la rompiente, me elevo como puedo, me aparto de las rocas, salgo de allí, ¿y la gaviota?, otro día ya la daré yo.

Sobrevuelo Antromero. Sobre sus acantilados una sencilla iglesia, la de San Pedro, debajo su playa, la de San Pedro, ahora sobrevolando alto, las gaviotas, se cruzan, planean, no me ven, gritan "iau-iau" vocean "ga-ga-ga". Muy pronto me sorprende el Faro de Candás, al borde de un acantilado parece desafiar al mar, sobre un islote con sus alas abiertas y secándose al sol hay un cormorán. Dejo atrás la punta de San Antonio y visito la ciudad, ¡¡Aaah!! el puerto de Candás en pleno pleamar, unas escaleras veo y las torres de la iglesia de San Felix con su Santísimo Cristo en su interior, el Cristo de Candás. Allá por el siglo XVI en el mar de Irlanda, faenaba un barco ballenero con marineros candasinos, cuando al subir las redes, atrapado en ellas un Cristo emergió, la talla lucía en un lóbulo de la oreja un precioso pendiente de oro que hoy ya no está, hay quien dice que nunca existió, pero mirad bajo su negro pelo y algo veréis brillar, es el Cristo de Candás.

La tarde empieza a caer. Sobrevuelo una playa de arena fina, playa de la Palmera y desciendo sobre la península de Perán. Un poco más allá un camping en ebullición y un tren paralelo al mar, un cartel dice  Perlora Ciudad Residencial, una pintada sobre  la frase  lo pone en duda pues reza  "lo que queda de ella". Veo casitas que parecen hórreos, hórreos que parecen casas, jardines y columpios abandonados, pistas de tenis con musgo y verdín, un paseo al borde del mar, vallas de hormigón sobre el acantilado. Próximo a unos arbustos una oquedad, abierta en pleno acantilado, me parece un lugar ideal para descansar; sin pensarlo dos veces, adelanto mis patas, extiendo mis alas y me poso en ese lugar, me acurruco, ¡qué bien se está!, ni una brizna de viento, solo el soplo del mar, los embates de las olas y su rugir. En el horizonte el sol desciende, cae, agachándose en el mar, pasaré aquí la noche, una línea recta, brillante, sobre la superficie del mar, enfoca e ilumina mi  rincón, las sombras y un color naranja, recorre lentamente las paredes de esta oquedad, resaltan los salientes, mi figura se agranda más y más, hasta que termina ganando la oscuridad.

Me despierto con los gritos ensordecedores de las gaviotas. No he dormido bien, tal vez sea la humedad, tal vez mi ala dañada que se resiente con el mar, me estiro, aleteo, el sol planea sobre el mar, me acuerdo de mi hogar. Tengo hambre, ahora que recuerdo, me acosté sin cenar, me preparo para cazar, afilo mis uñas, con el pico peino y limpio mis alas, cierro y estiro mis garras y, en un jardín, me como un papamoscas gris.

Para despertar aún más mis sentidos me alejo de la tierra, me adentro en la mar, juego con el oleaje, las mareas, un carguero en la línea allá al final, un barco pesquero dando bandazos con gaviotas alrededor, el sol subiendo, mirándose en el mar. De repente un ruido ensordecedor perturba el momento y el lugar, un avión cruza de Este a Oeste a gran velocidad, según mi hermano Alonso, el halcón peregrino indio o shaheen, es el símbolo militar de la Fuerza Aérea de Pakistán, debido a su velocidad solo sé que el avión es militar. Se desvanece el ruido, el que queda ya es local.

Vuelvo a tierra, en ella una senda, la Senda Norte perfectamente definida bordea los acantilados. Desciendo sobre la playa de Xivares, planeo sobre la orilla entre el límite de arenas y la espumilla del mar, casi un kilometro de playa hasta su límite natural, la ría de Aboño que mezcla sus aguas dulces con las saladas del mar. Asciendo, me elevo aun más, la Campa Torres a mis pies con su parque arqueológico natural y, en la cresta de un saliente natural, ahí están, no los puedo ni contar, sus dimensiones me asombran, son unos globos anclados, llenos de gas, gas natural, natural gas, separan la playa de Xivares del puerto de El Musel.  El pasado y el futuro se abrazan, castros prerromanos y esferas mirando al mar, me preparo para entrar en Gijón. Quiero estar elegante y me pongo una pajarita al cuello, bueno, bueno, ¡qué guapo estoy!, con mi cabeza y bigotes negros, camisa blanca y pajarita a juego. Otra vez me ha vuelto a suceder, han sido solo unos segundos, me he quedado dormido, la última vez casi ni lo cuento, desperté cuando enfrente tenía un poste de la luz, y no era de madera sino de hormigón; un reflejo en el último momento me libro de un gran chuletón.

## IV

## SIENTU CURRUSQUINUS

Ya estoy en Gijón, el cabo Torres y un faro queda atrás. Desde las alturas unos diques y su perfil me dibujan y describen a la Muyerona, ensenada así llamada  por algunos marineros de Gijón, es el puerto de El Musel. A continuación diviso las playas del Arbeyal, la de Poniente, el acuario de Gijón, la punta  Liquerique en el dique Santa Catalina, dando a su puerto deportivo, la península de Cimadevilla y, la cuesta del Cholo, lugar ajetreado de reunión.  Atravieso la península, ya a menor altura, por su parte más estrecha, Plaza del Marqués, Plaza Mayor, Campo Valdés y la iglesia de San Pedro asomándose a la playa de San Lorenzo. Giro a mi izquierda,  a mis pies una piscina y el Real Club Astur. Doy la vuelta al cerro de Santa Catalina, una escultura me sorprende, el Elogio del Horizonte (Chillida), el wáter de King Kong, así reconocida coloquialmente por los culomollaos (nacidos en Gijón). Me poso en su frío hormigón, un balcón para mí abierto al mar, oigo el rugir del viento, susurros y palabras de ultramar y, entre ellas una que se repite, libertad, libertad. Desde esta atalaya, hace años, a las ballenas se las veían soplar y resoplar, después baterías y cañones defenderían la ciudad. A mi alrededor el parque de Santa Catalina, e higueras sobre  verde y el verde en contraste con el cielo y el mar.

Después de un tiempo abandono este portentoso lugar, sobrevuelo el barrio de Cimadevilla y unas notas musicales oigo tocar, deslizándose por los muros, entre tejas salen, es mi amigo Roldán, que con la viola ahí está, la Sinfonía del Nuevo Mundo de Antonín  Dvorák, me la dedica al pasar.

Cruzo la plaza del periodista Arturo Arias, popularmente conocida por el Lavaderu. No es la primera vez que una tienda o un local da nombre al lugar, sucede también en la plaza del Parchís. En estos momentos la plaza del Lavaderu está vacía, sus escalinatas ahora se ven pero, dentro de unas horas ni se verán. Lugar de reunión, la sidra se escancia y una parte a la acera va, el olor a manzana impregna el lugar. Un rumor todas las noches despierta en la ciudad, es el rumor de la juventud, de la libertad. Muy cerca la casa natal de Gaspar Melchor de Jovellanos, hoy museo y anexo a él, una capilla donde sus huesos descansan en paz. Vuelvo a cruzar la Plaza Mayor, el Ayuntamiento, en su frontón una leyenda dice  "Pescadería Municipal (1928)".  Su fachada en piedra blanca y cristales color de mar devuelven la imagen al cielo azul y al mar. A su lado la Torre de los Jove Hevia y la capilla de San Lorenzo con sillares de arenisca, besados por la arena y la sal de las aguas de una de las playas más bonitas que el dios Neptuno regaló a una ciudad.

El escenario que se despliega a mis pies es incomparable, la playa de San Lorenzo, una playa de arena dorada se extiende entre un muro y las olas del mar. Estamos en bajamar, veinticuatro escaleras descienden al mar, la más singular la cuarta o La Escalerona, haga el tiempo que haga, en ella siempre hay algún valiente que mete sus pies en el mar.  Recorro la playa, juego con las olas, la desembocadura del río Piles rompe la playa, separando  la arena dorada de las playas de rocas y grava que continúan hasta la playa del Cervigón. Más allá una senda sigue por el litoral, en la última escalera una escultura llama poderosamente mi atención, describo círculos a su alrededor, la llaman la Madre del Emigrante (Ramón Muriedas), la Lloca del Rinconín, la Muyerona, o simplemente la Lloca, su expresión es amarga, angustiosa, tierna. Figura delgada, de pies y manos enormes, cabellos rizados al viento, mirada perdida, mano izquierda abierta, tendida, en espera, con esperanza, da lástima y ternura a la vez, gracias Ramón. Rozo su mano, le guiño un ojo.

Con la figura presente en mi mente me doy la vuelta, cruzo el parque del Rinconín, Somió, praus, palacios, hórreos y chalets y otra vez el río Piles, a su vera el estadio de El Molinón. El esfuerzo que tengo que hacer con mi ala maltrecha es un sin vivir. Hago una parada en el Parque de Isabel la Católica, uno de los más grandes de Gijón, dos estanques, se asientan en este rincón. Me poso en el tejado del molino viejo o mejor dicho en el actual Parador de Gijón, mi vista se deleita con un palomar, observo la gran variedad de aves, faisanes, pavo reales, fochas, cisnes, patos y cientos de pájaros, en fin ¡un jolgorio! como diría mi hermano el arlequín.

Remonto el vuelo, voy de barrio en barrio, la Arena, el Bibio con su plaza de toros, el Coto, giro a mi diestra y en paralelo a gran altura por la avenida de Pablo Iglesias voy, hoy hace mucho calor. A mi derecha  un paseo y un precioso jardín llaman mi atención, son los jardines de Begoña. Desciendo sobre un plátano de sombra, los pájaros levantan vuelo y me dejan en paz. Con mi vista escrutinio, Sporting 1 Atlético 2, Cafetería Dindurra, Teatro Jovellanos, Iglesia de San Lorenzo, la Notre Dame de Xixón. Más allá se divisa la imagen del Sagrado Corazón, grandiosa sobre la Basílica del mismo nombre, la Iglesiona para el culomollao.

Oigo, escucho y cuento, pongo atención, un grillo me da la temperatura en este rincón, hace calor. Aplico la fórmula que me dió mi padre Mateo allí en el torreón, número de cantos en un minuto dividido entre cinco menos nueve igual a la temperatura ambiente donde uno esté. (Nº de cri-cri x minuto/5 -9 = Temperatura). Vuelvo a contar, ahora lo calculo en quince segundos, es igual, sigue haciendo calor, 45 x 4/5 –9= 27, ¡ya está bien! Aunque estoy a la sombra, humedad y calor me provocan un gran sopor.

Dejo este jardín y me elevo a gran altura sobre la ciudad, a vista de pájaro, digo de halcón, la belleza de Gijón es mayor. La península separa con gracia la Bahía de San Lorenzo de las dársenas rellenas de barcos junto a la playa de Poniente. Según me elevo voy viendo los ríos de Gijón, el río Aboño limitando con el concejo de Carreño, el río Piles atravesando el casco urbano, pequeño y de escaso caudal, y por oriente el río Ñora limitando con el concejo de Villaviciosa. Las avenidas como ríos entran en abanico en la ciudad, Avenida de Portugal, de la Constitución, de El Llano, de la Costa, de El Molinón. ¡Gooool!, hasta mis oídos llega el gol en El Molinón, el Sporting empata, ya están dos a dos. Las tejas del centro urbano van dejando huecos a terrazas y áticos en los barrios del exterior.

Una torre me llama la atención y hacia ella me voy, parroquia de Cabueñes, Universidad Laboral de Gijón (Luís Moya). Según me acerco las dimensiones del edificio se vuelven colosales. La torre de 130 m de altura, es más alta que la de mi hogar, allá donde nací, duro para un carballón. A su lado la iglesia de planta elíptica más grande del mundo, el patio de grandes dimensiones es una plaza mayor. En pleno vuelo descubro un nido sobre el tejado de la torre, un nido de halcón. No hay nadie y me acerco. Me recuerda a mi hogar, pero el nido está caliente, me alejo rápidamente, el halcón siempre es territorial, respetamos las zonas o si no tendremos que luchar y, en ese caso la lucha suele ser a muerte. Ya en distancia veo a un halcón, se aproxima, es hembra, joven y bella, ***sientu currusquinos en mi cuerpu, fagome el bobu y clamíu, ¿Pande vas, oh?, y ella ¿Qué babayaes me cuentes, oh?, y yo que non me cortu una pluma, sin glayar bocayola, ¡Oye moza, por ti cuchaba un prau y segabalu de rodilles! y ella, ¿Cagun mi mantu, nun tiendu na?, y yo ¡Ties más pates que un centollu!, y ella s´enfoca ¡Voy date!, chisga los güeyos y entós esñalase a gargayar, yo más ¡¡Yel acabose!!**

*siento cosquillas en mi cuerpo, me hago el tonto y grito ¿A dónde vas?, y ella ¿No entiendo, lo que dices?, y yo que no me corto una pluma, sin vocear la digo, ¡Oye moza, por ti abonaba un prado y lo segaba de rodillas! y ella, ¿Meca, no entiendo nada?, y yo ¡Qué piernas más largas tienes!, y ella se enfada ¡A que te sacudo!, guiña los ojos y entonces se echa a reír, yo más ¡Es el no va más!

Me cae tan bien que la pido que me acompañe a dar una vuelta por el mar, por la costa, acepta, doy volteretas, brinco en el aire, subo, bajo, tomo posición, salimos a la playa de Peñarrubia, sobre el mar me hago un picao, me sigue, ¡Que destreza la de estos culomollaos!. En el mirador de la Providencia mirando al mar nos susurramos palabras de amor, a nuestra izquierda brillante aparece Gijón, seguimos por la costa, playa Serín, playa de la Ñora, unas escaleras entre eucaliptos baja al hombre a ella, su arroyo hace una charca antes de salir al mar. Bajamos sobre ella a jugar, la pregunto por su nombre, Sopdu, me dice ¡Qué bonito!, exclamo yo, y me explica la historia de su nombre. Sopdu fue un antiguo dios egipcio local que vigilaba y dominaba el desierto oriental de Egipto, sus fronteras, sobre el delta del Nilo, su territorio natal. En 1922 en el Valle de los Reyes el arqueólogo Howard Carter gracias a su constancia y al apoyo económico de su patrocinador lord Carnavon, encontró la tumba del faraón Tutankamón (1336-1327 a. C.). En sus cámaras más de 5000 objetos hallaron, joyas, muebles, armas, aparte de la cámara funeraria con los restos de Tutankamón. Entre los objetos, sobre un estandarte, un halcón sentado "el afilado" o "el acerado", hallado en la misma capilla junto con la divinidad serpiente, lleva la corona de dos plumas y, según reza la inscripción, se le debe llamar Sopdu, rodea sus ojos incrustaciones de vidrio de diferentes colores, las típicas manchas de nuestra familia el falco peregrinus o halcón común.

Según me lo va contando el pico se me va abriendo, de eso hace más de 3000 años. Ahora como le cuento yo que mi padre me puso de nombre Gengis-Kan (1162-1227). Al final le digo que me llamo Kan. Y ahí están Sopdu y Kan volando emparejados, batiendo las alas a la par, deslizándose por las paredes acantiladas, ascendiendo y descendiendo, Punta de la Escalera, Quintueles, Quintes, Ensenada de España. Me esmero en mis acrobacias aéreas, hago ochos, círculos y precisas espirales. Estoy en pleno cortejo para Sodpu, cazo una gaviota y en pleno vuelo sujetando con mis garras la presa se la paso a Sodpu. Tiene que volar totalmente al revés para atraparla y así lo hace, es mi primer regalo, constituye mi petición y su aceptación.

Seguimos por la costa, río y playa de Merón, escondida, coqueta, arena dorada, cantos rodados. Es una pena pero la tarde se nos va, pasamos de ella, playa de la Flecha, Punta del Olivo y un precioso pueblo de pescadores que  aparece, Tazones, el primer pueblo que vio el monarca Carlos I en España antes de desembarcar y, más allá la iglesia de San Miguel. Sobre unas rocas muy cerca de su pequeña playa descendemos, en unos pedreros, un cartel, una huella en la pared, parece ser una icnita del Jurásico, se lo cuento a Sopdu,  le digo que son de terópodo, no se lo cree, se acerca, pega un saltito, la mira de cerca, tres incisiones sobre la roca, tres dedos de terópodo, otra más allá. Le cuento que de ellos descendemos nosotros, las aves. Como hembra que es me pide más explicaciones, pruebas, pruebas. Me pongo serio y le pido imaginación, que haga un esfuerzo, que se remonte  a millones de años atrás. Este dinosaurio de andar bípedo tenía el plumaje de color, le pongo un ejemplo, imagínate un avestruz, ahora cierra los ojos y piensa que este ave salta, que quiere huir, que medio vuela, años y años de saltos de transformación y ¡ale-hop!, ahí están, el buitre, el águila, el halcón. Se me echa a reír, y entre risas me dice, solo mi cuerpo cabría en la huella de un dedo de… ¿cómo has dicho que se llama? ¡Terópodo, Terópodo!, le digo, ¡terópodo te voy a dar yo a ti! me contesta, más risas. Oímos voces, pasos, tres niños nos hacen huir y volver a volar. En vuelo volvemos a ver la iglesia de San Miguel.

Planeamos sobre Villaviciosa, tierra natal de ilustres personajes, Víctor García de la Concha, ex director de la Real Academia Española de la Lengua, la familia Pidal, Hevia gaitero, y la sidra el Gaitero, famosa en el mundo entero. Sobrevolamos la ría de Villaviciosa, Reserva Natural. Por su ribera izquierda aparece El Puntal, a nuestros pies toda clase de aves, en su mayoría migradoras, correlimos, avefrías, garzas, garcetas, agachadizas, chorlitos, archibebes, anátidas, cormoranes y eso que estamos en verano y el Zarapito Real como símbolo de esta Reserva Natural.

Un Centro de Interpretación en su margen izquierdo da toda clase de información. Continuamos por la ría y nos adentramos en la villa de Villaviciosa "villa fértil" por la fertilidad de sus tierras. Pasamos el puente de Güetes, recorremos sus caleyas, sus casonas, sus casas indianas, la casa Hevia lugar donde durante tres días se hospedó el emperador Carlos I, la Plaza del Huevo, su bonito Ayuntamiento. Giramos en derredor, volvemos a la ría, ahora por su margen derecho, playa de Misiego y la espectacular de Rodiles. La recorremos dos veces, de Este a Oeste, de Oeste a Este, 1 km de playa de arenas doradas. Vemos a hombres negros sobre tablas, de pie, aleteando, deslizándose sobre olas, intentando volar, hasta que caen al mar, hombres y mujeres secándose al sol, niños brincando en la orilla, zambulléndose en el mar. Y el sol cayendo, sonrojándose al vernos pasar.

Nuestras sombras se reflejan en las paredes de una rasa mareal, la rasa de Selorio, sus pliegues doblan nuestras sombras, pliegan nuestras alas, sus surcos deforman nuestros cuerpos, el efecto solo nosotros y el sol lo puede ver. Se acaban los pliegues en las paredes que aró el mar y seguimos costeando. Más de cien metros de altura en estos acantilados separan sus bordes de las aguas del mar, tomamos más altura, allí sobre una meseta un pueblo, Luces, y una carretera que tiene un final, el Faro de Cabo Lastres, donde nos vamos a descansar. La noche está al caer, rodeamos el faro, está totalmente solo, una valla perimetral le protege, en sus puertas metálicas dos sellos del MOPU, grabados en ellos dos ramas de laurel abrazan a un faro y a un ancla. Un vehículo abandona el lugar, ¡al fin solos!, solos frente al mar.

Y cae la noche. Cinco destellos blancos cada veinticinco segundos iluminan la inmensidad del mar. Nos acurrucamos muy juntos, hablamos y hablamos, recordamos cuando nos vimos por primera vez, y mi osada pregunta en bable de ¿Pande vas, oh?, nuestras risas, mi invitación a dar una vuelta por el mar. El silencio en este lugar lo rompe el oleaje del mar, junto con nuestros latidos sonando a la par. El cansancio y tanto hablar hace que nuestros cuerpos se relajen y abracen al sueño que llega sin poderlo remediar.

El canto de un mirlo en la lejanía nos despierta antes del amanecer. Un merle noir he puesto en tu despertar, me susurra Sopdu al oído, nos reímos, nos estiramos, batimos nuestras alas, mientras el melodioso canto nos va alegrando este precioso amanecer. Sopdu echa a volar, le digo que espere que no tardo en llegar, sobrevuelo el acantilado, gaviotas por doquier y, cuando me quiero dar cuenta junto a Sopdu estoy desayunando una gaviota del lugar.

Abandonamos el faro, damos la vuelta al cabo, nos elevamos y ante nuestros ojos aparece Lastres.  Desde el mar parece un sueño, aprovechando la parte menos inclinada de un escarpado acantilado el hombre ha construido peldaños blancos, casitas y casonas de forma irregular que, descendiendo por tortuosas y estrechas calles, llegan con la pendiente al puerto pesquero. A su lado el puerto deportivo rejuvenece su antigüedad. La lonja vende los pescados frescos  cuando el tiempo lo permite y los peces se dejan pescar en la bahía y, un poquito más allá, con temporal la flota pesquera se abriga en su puerto en espera de poder faenar. Nos dejamos llevar por una corriente ascendente que nos lleva a una ermita, la de San Roque, con su mirador sobre Lastres, volvemos a descender, ahí está la Torre del Reloj despreciando al sol, nuestro reloj natural. Sobre una pared, una flecha y unas letras en azul dicen "Bar Dr. Mateo". Más allá la iglesia de Santa María de Sábada y las capillas del Buen Suceso y San José. No me extraña que su casco histórico haya sido declarado Bien de Interés Cultural.

Nos elevamos y de un solo vistazo Cabo, Pueblo, Puerto y Playa de…. Lastres.  Pertenecientes al concejo de Colunga tierra adentro se ve la capital, es decir, la villa de Colunga, al suroeste la Sierra del Sueve como telón, y el Picu Pienzu como señor. Pero sigamos por la costa, cada vez me gusta más el mar y, con buena compañía, dos veces más. La playa de la Griega da cobijo al río Colunga o Libardón. A unos centenares de metros de la margen derecha más icnitas, esta vez ligeramente más grandes, una de ellas de 1,30 m de diámetro, de saurópodo, es una de las huellas más grande del mundo. Sopdu al oír el nombre del dinosaurio no para de reír, ¡ya empezamos! me contagia, rio, me entra la tos, tenemos que dejar el lugar o nos vamos a ahogar y entre risas ascendemos. Entonces a lo lejos mi vista descubre  en un promontorio una huella tridáctila gigantesca, nos acercamos, la huella aumenta, no me lo puedo creer, pero la verdad se nos presenta, es un edificio en forma de huella, el MUJA (Museo Jurásico de Asturias) con réplicas de dinosaurios de cartón alrededor. La vista de la costa desde este lugar es sorprendente.

Volvemos al mar. Nos recibe la playa de la Isla y la isla, aislada, sola, rocosa y  pequeña, qué decir de ella, paralelo a la orilla un camino que quieren destrozar, el camino de Santiago, de hecho ya han plantado algún chalet al ras. Elevamos nuestros ligeros cuerpos, Sopdu me señala un pequeño pueblo a unos kilómetros de este lugar, se llama Gobiendes. Hórreos descolocados, sin alinear aparecen salpicando el inicio de la ladera del Sueve. Nos adentramos en el, remontamos aún más el vuelo, por las faldas del Sueve, pastando en un prau dos negros asturcones relinchan, alzan sus cabezas y nos saludan al pasar, según cogemos altura las vistas son cada vez más maravillosas, la costa al norte en toda su extensión, al oeste los Picos de Europa y, a nuestros pies, una carretera, un par de vehículos y  unas escaleras que llevan al hombre a un osado mirador El Fitu, suspendido en el aire, se asoma a las vistas que nosotros tan acostumbrados estamos de  ver. Rodeamos el mirador, nos señalan con el dedo, una cámara dispara, unos sonidos, clik-clik, y Sopdu que dice cheers, descendemos por la ladera nos volvemos al litoral.

Seguimos por la costa, playa Espasa y el Arenal, la playa de Vega en su estado natural, grande, larga con arena fina y grava.

Unas manchas amarillas sobre las dunas brillando al sol llaman nuestra atención, es la Mosquita Dorada, una planta en peligro de extinción y única en Asturias. Más icnitas ¡no!, me hago el sueco, mira el peñón del fondo y con ese nombre se queda el peñón. Desde el Peñón del Fondo ya se divisa Ribadesella, playa de Santa Marina, el río Sella, un giro, una curva y al mar las aguas dulces se van, la playa entre el monte Somos y el Corberu le ve pasar, Sopdu me mira, está loca de emoción el estuario es bello de verdad. Me propone un plan, dejar el litoral y remontar el Sella, acepto sin rechistar.

# V

## EL SELLA

Antes de remontar el Sella, recorreremos la playa en vuelo raso, está con marea baja y en vuelo es un placer sentir la arena, los susurros de las olas y su salpicar. Como si fuésemos la corriente del Sella, que acaba de llegar, nos desplazamos por la playa de Santa Marina hacia el monte Somos. A nuestra izquierda, una barandilla en el paseo, nos recuerda a los grajos, a las palomas y a distintas especies que tienen una afinidad, la de posarse en línea, unas veces líneas telefónicas y otras de electricidad, pero esta vez es el humano quien se posa y el espectáculo es irreal. Decenas de personas apoyadas viéndonos pasar y, a sus espaldas casitas, casas modernistas, cuadraditos de cristal, un palacio, los Marqueses de Argüelles que están por aquí y por allá y, tan distraídos vamos que, de repente Sodpu pierde la dirección, da dos volteretas en el aire, cae unos metros, me sobrecojo. Aún no ha retomado el vuelo, cuando de repente veo sobre ella una sombra caer, dos alas gigantescas, ¡uf!, menos mal, es una cometa. Sodpu no vio el hilo que tiraba de la cometa y rozó el sedal, suerte que fue un roce, si llego a ser yo seguro que ahora estaría bebiendo agua salada en la orilla del mar. Me hace un guiño, todo va bien, la cometa es la que cae y un niño intenta tensar el sedal. Cuerda que no ata, que yo sepa sensata es.

Tomo altura. Sopdu sigue a Kan y enfilamos el Sella. Un puente lo cruza y une las riberas de la ciudad. A nuestra derecha en un monte la prehistoria se asoma al río, son las cuevas de Tito Bustillo, una de las cunas mundiales de la civilización paleolítica, no nos extraña por la riqueza y belleza del lugar. El macizo de Ardines forma una red de cavernas  conectadas entre sí, habitadas por generaciones y generaciones de hombres  que vivieron, crecieron y se multiplicaron en torno al estuario del Sella, durante más de 25.000 años.

Ante esta explicación, Sopdu se me pone a llorar, será el golpe anterior, imagino yo. La consuelo pasándola unas pipas. Atrás va quedando Ribadesella.  Aparece el pueblecito de Junco con una sobria iglesia románica, la de Santa María, más allá una autovía cruza el río, o el río cruza la autovía, algo así será. Paralelo al río por su orilla derecha una carretera le acompaña en su pasear. Asomándose a sus márgenes los pueblos gastronómicamente alardean de sus salmones, truchas, reos, anguilas, en nuestro vuelo los pueblos y aldeas los vemos pasar. Santianes y en sus inmediaciones un torreón, es lo que queda de un castillo en ruinas, el de Tudela. A unos kilómetros Margolles, le sigue Triongo, Bode y,  a unos aleteos, Arriondas, capital del concejo de Parres y del salmón. En una curva el río Piloña, uniéndose  a la orilla izquierda del Sella, le abraza y le aumenta su caudal. Un sello sella Arriondas y éste no es otro que el Sella. Sin él Les Arriondes no sería el pueblo que es hoy, sin Arriondas el Sella no sería el río que hoy en día es. El gentío es colosal, sobre el río piraguas y kayaks y, en los caminos y carreteras, bicicletas, senderistas, jinetes a caballo, furgonetas, todoterrenos, gente que va y que viene. Menos mal que a la altura que vamos ni nos ven y si nos ven dos pájaros más.

No queremos entretenernos y abandonamos esta capital. Entramos en el concejo de Cangas de Onís y a continuación llegamos a Villanueva, lo que fue maravilloso convento hoy es, el Parador Nacional de Cangas de Onís. Al Este los Picos de Europa se ven desafiantes, erguidos, orgullosos de nacer entre Cantabria, Asturias y León.

Ahí está la villa de Cangas de Onís, capital del concejo del mismo nombre. Tras la victoria de Covadonga en el 722, don Pelayo elige como capital del Reino a Cangas de Onís. Nos posamos en lo alto de una acacia y,  en un pequeño parque contemplamos la estatua de don Pelayo, frente a la Iglesia Nueva, Su mano derecha parece estar a punto de desenvainar la espada con la que defender la iglesia. En su fachada principal, el escudo de Cangas de Onís, con una leyenda bordeándolo "Mínima Urbium Máxima Sedium", es decir, "la Pequeña Ciudad fue la Máxima Sede". En el centro del escudo y grabado a cincel la cruz de roble y la media luna sobre el Puente Romano. Esa cruz es la que vi, le cuento a Sopdu, al colarme un amanecer en la Cámara Santa de mi ciudad natal, la Cruz de la Victoria, solo que aquí se representa la cruz de roble, antes que el rey Alfonso III la revistiera de oro y pedrería. Sobre el Sella un puente nos atrae, es el Puente Romano, pasamos por su ojo central y, otra vez la Cruz de la Victoria colgada de su arco central. Lo volvemos a pasar, esta vez por arriba, el puente es sensacional. Damos un quiebro y entre el Sella y el río Güeña, aparece, en un pequeño montículo, la capilla de la Santa Cruz (733). Lugar sagrado, es el primer templo cristiano que se construyó en España después de la invasión por el Islam, erigida para guardar la Cruz de roble, hoy totalmente reformada, en su cripta un dolmen (datado de 5.000 a 3.000 a. C.) guarda los restos del hijo de don Pelayo, el rey Favila, muerto por un oso al cual abrazó.

Tanto Sopdu como yo nos encontramos excitados ante esta ciudad, volamos de aquí para allá, dibujamos círculos y ochos al volar, subimos y bajamos, nada nos queremos perder. En pleno vuelo Sopdu me pregunta si conozco el nombre de la esposa de Favila, le digo que no, me da una pista, empieza por F, se ríe, ¡ah, ya sé! Felicidad, se sigue riendo, ¡no, no, no!, Flor, ¡caliente, caliente! Florinda, ¡no, no, no!, Feresa, esa no vale es con T, digo Feresa con F, que ¡no!, me grita, que ese nombre no existe, al final sumiso me rindo. Se llamaba………Froiluba, ¿no? ¡sí, sí !, y nos echamos a reír.

Sobrevolamos la iglesia de Santa María del Mercado en el centro de la ciudad, el Ayuntamiento, la iglesia de Arriba, Santa María o Nuestra Señora de la Asunción, con su característico campanario de tres pisos escalonado, el Palacio de Cortés (s.

XVIII), el Palacete de Enrique Monasterio o Villa Monasterio, el chalé de Ángel García o Villa María y casas, casonas, y casitas por doquier.

Dejamos la villa para ascender a Covadonga. El río Covadonga paralelo acompaña nuestro volar. A nuestra izquierda el lugar de Soto de Cangas. Según vamos ascendiendo por el valle aparece la Sierra de Covadonga, el verde es intenso, rápidos y cascadas juegan en el descenso con las aguas del río. Cruzamos La Riera y, tan pequeño es que dos barrios tiene, La Riera y Llerices y, a las faldas del monte Auseva en una explanada, la Basílica de Santa María la Real con sus agujas sobre las dos torres de la fachada principal, nos asombra su color rosáceo, parecido al de un pollo desplumao, la gran explanada está a rebosar. Una campana colgada y expuesta en un balcón despierta nuestra curiosidad, la llaman la Campanona, 3 m de altura, 4 toneladas de peso y primer premio de la Expo de París. Dando vueltas por la explanada vemos la Casa Capitular y, en el centro de la plaza, la estatua de bronce de don Pelayo y el obelisco con la Cruz de la Victoria levantada en el lugar llamado "el Repelao" donde según dice la tradición don Pelayo fue coronado rey.

Muy cerca, La Santa Cueva, La Cova Dominica, La Cueva de la Señora, que en medio de una enorme pared da cobijo a una humilde ermita. En esta cueva fue hallada la Virgen de Covadonga, La Santina. Desde que salí de Oviedo más de cien imágenes y representaciones de la Santina he visto, en paredes, en hornacinas, en puertas, en casas, hasta en veletas la he llegado a ver, es la Patrona de Asturias. A sus pies, unas veces hilillos de agua y otras cascadas, alimentan una balsa o estanque. Por su derecha tras 101 peldaños se alcanza la Santa Cueva, A su izquierda un camino lleva a la Fuente de los Siete Caños, la cual otorga matrimonio en un año a la persona que beba de todos sus caños (solo se garantiza si se hace sin parar de respirar, hasta beber de los siete caños). Sopdu hace intención de bajar a beber, la miro, me mira, me guiña un ojo, seguimos.

Cuenta la tradición que en esta Cueva se refugiaron las fuerzas de don Pelayo quien, junto con su ejército, consigue repeler el ataque musulmán, siendo el primer foco de resistencia que no lograron conquistar. Hasta las flechas y las piedras lanzadas por las hondas se vuelven contra el enemigo que acaba por huir. Esta batalla, la Batalla de Covadonga (722), sería el origen de la reconquista y el inicio de la expulsión de los musulmanes de la península. Las crónicas cristianas afirman que la intervención milagrosa de la Virgen María estuvo detrás de tan sonada victoria.

La primera construcción en la Santa Cueva data de tiempos de Alfonso I, el Católico (693-757) quien, para conmemorar la victoria de don Pelayo ante los musulmanes, manda construir una capilla dedicada a la Virgen María. En 1777 la cueva estaba recubierta de madera. Dicha imagen formaba parte de una estructura de madera que colgaba en el aire, pero un incendio se declara y destruye la talla original. Un año después la Catedral de Oviedo donaría la imagen actual.

Muy serio le cuento a mi compañera que en la Santa Cueva reposan los restos de don Pelayo y los del rey Alfonso I, el Católico, con sus respectiiivas esposas. Una sonrisa y un brillo en mis ojos casi me delatan pues, aposta he omitido los nombres de tan nobles señoras. Sopdu pica y pregunta ¿Cómo, cómo, se llamaban las reinas?. Hago que reflexiono, pero no puedo más y se los suelto, Gaudiosa y Hermesinda ¿No? ¡Sí, sí! Y entre risas y carcajadas dejamos el lugar.

Volvemos al Sella. La parroquia de Huera de Dego la dejamos atrás. El cauce del río nos lleva a la aldea de Precendi de la parroquia de Mián. En el concejo de Amieva el Sella nos empieza a enseñar su erosión. Ceneya con su garganta nos muestra el Desfiladero de los Beyos. Para Sopdu y para mí, es una provocación, sus paredes verticales dejan un mínimo espacio por el que pasan carretera y río. Desde las alturas se ve como una herida, una arruga en la tierra, una cicatriz que el tiempo cincela al pasar. Nos adentramos en el desfiladero, me lanzo al vacío, cojo velocidad, oigo un grito ¡Kan, Kan!, asciendo y miro para atrás, es Sopdu que, poniéndose a la par, me mira y me pregunta, ¿eres viento o huracán?, no sé que contestar, asiento, la entiendo y, compartiendo la emoción, nos lanzamos a la par.

No paramos de observar, subir y bajar, Puente Vidiosa. En Vidiosa nos posamos en la rama de un laurel para contemplar, en todo su esplendor, la cascada de Aguasalió,   entre paredes de roca y una frondosa vegetación. De repente oímos como unas carcajadas. Sopdu enseguida las distingue, me pide silencio, desciende con sigilo y precaución y, por sorpresa, cae sobre un macho de Pito Real. Su carcajada le ha delatado y hoy cenaremos Pitu Real. Mientras cenamos vemos como un camino asciende entre rocas y piedras, cruza un puentecillo, hasta llegar a una oscura cueva, la llamada de Todos los Santos o Fuente de Aguasaliu.

Decidimos pasar aquí la noche, en la montaña el atardecer es más oscuro, misterioso y profundo. Sopdu enseguida se acomoda, parece que no tiene sueño pues no para de hablar, me cuenta una historia, historia que su abuelo le contó:

........Hace muchos años, allá por Eurafrasía, dominaba un gran halcón, le llamaban el Rey del Desierto, el rey Dunalcón. Cruzaba con su vuelo majestuoso El Enorme Desierto de Colhan, kilómetros y kilómetros  de arenas, dunas y sol cuando, en pleno vuelo, una ráfaga de aire acariciando al Rey desprendió  de su cuerpo un plumón. Un suave viento lo recogió y en sus brazos con el viajó hasta que el viento dejo de soplar. Lentamente entonces el plumón fue cayendo y en la falda de una gran duna se recostó.

No había transcurrido ni treinta kilómetros cuando otra ráfaga de aire a Dunalcón le acarició  y con su caricia se llevó otro plumón que, al igual que su hermano, cayó sobre otra duna dorada y reluciente y, los granos de arena de la duna abrazándolo suavemente le dieron descanso.

Los desiertos entonces eran desiertos sin vida, sin agua, sin animal que osara traspasar los límites que marcaba el Rey del Desierto, solo un ser rompía esa soledad y era el propio Dunalcón. Allí era feliz, todo el desierto para él, los días eran espectaculares, las dunas cambiantes, el sol pincelando las arenas, dándolas color, las noches aún más, según la luz, las dunas cambiaban su tonalidad, del amarillo al ocre, del ocre al rojo, del rojo al añil.

Mas sucedió un día que la Nube Gris que rara vez se atreve a vagar por allí, pasó, se paró en el lugar donde había caído el primer plumón y lloró. No había terminado de llorar cuando el viento a treinta kilómetros la desplazó y, justo en el mismo lugar donde el segundo plumón cayó, siguió llorando hasta que la Nube Gris se secó y desvaneciéndose desapareció.

Los días pasaban, más un buen día, en el lugar exacto donde la nube lloró, una palmera creció. Lo mismo sucedió en el otro lugar, las lágrimas que la Nube Gris dejó fertilizó los lugares en donde lloró, el plumón se transformó en palmera, la palmera creció, los primeros frutos no tardaron en llegar y el primer oasis se formó, en la distancia un segundo oasis le acompaño.

Dunalcón no daba crédito, su territorio mancillado, dos manchas en El Enorme Desierto de Colhan, dos oasis a vigilar, vendrían los hombres, los animales, se acabaría la paz, la tranquilidad y así fue. Un buen día una caravana al primer oasis llegó. Del pozo sacaban las lágrimas de la Nube Gris para saciar la sed de los camellos, de las cabras, de los hombres. Entre ellos había uno que en su brazo izquierdo un guante de piel llevaba y sobre él, un halcón. Una caperuza con coleta ocultaba la cabeza del halcón, sólo a través de una hendidura se veía su pico gris. ¡Hasta aquí podíamos llegar!, con furia gritó Dunalcón.

La noche comienza a llegar, la luna y las estrellas a alumbrar. A la puerta de una tienda, un palo vertical, una T de madera, sustenta al halcón. Su dueño le quita la caperuza y le da de comer. Es hembra y ¡que bella hembra es!, se dice para sí Dunalcón escondido en una frondosa  palmera. Pasa el tiempo, la noche se hace oscura y, tras un vuelo silencioso, Dunalcón se posa al lado de la hembra, se rozan los picos, se olisquean, estudia la caperuza y, con un movimiento rápido,  se la quita, le suelta una correa y echan a volar. Su ahora compañera vuela, ve las estrellas y grita ¡Libertad!

Pasa el tiempo, los hombres se van y Dunalcón empieza a añadir felicidad y vida a sus años. Su compañera, Dátil de Palmera, le ha enseñado a compartir, a sentir al unísono el amanecer, la puesta, la luna, el desierto, las estrellas y el sol abrasador. Ahora son los reyes del Enorme Desierto de Colhan. Los oasis ya no son dos, alguno más por allí creció. Pero, al igual que la palmera da su fruto, los reyes también y El Desierto de Colhan se vio recompensado con dos nuevos halcones más. Frutos de sus amores nacieron Pluma de las Arenas y Viento del Colhan.


Pues……de esa familia provengo yo, me dice orgullosa Sopdu. ¿Puedo cerrar el pico?, le pregunto yo. La historia me ha dejado alelado, la noche se ha cerrado y la temperatura comienza a bajar. Me encanta el olor de Sodpu, huele a goma de borrar. La primera vez que se lo dije no paraba de reír y más cuando la dije que a goma de borrar Milán. La expliqué que cuando, yo nací, nuestro nido olía a goma de borrar. Un día entre las ramillas sueltas media goma encontré y, en su piel unas letras MILAN 430. Nunca supe cómo llegó ahí, pero lo que sí que sé, es que ese olor se quedó grabado, escondido y  olvidado en la memoria hasta que la conocí. El sueño nos vence y dos cuerpos juntos, frente a una cascada, no dejan de soñar. Una sábana abriga  nuestros cuerpos, la sábana estelar.

Otra vez nos despierta con su canto melodioso el Merle Noir. La noche ha sido fresca, tal vez demasiada humedad. Aún no ha amanecido, nos despejamos, bebemos el rocío de las hojas de laurel, nos estiramos y nos ponemos a volar. La garganta de los Beyos tiene doce kilómetros hasta Sajambre. La visión sigue siendo espectacular, sobrevolamos la parroquia de Argolibio, con su capital en el pueblo de Sames. A  nuestra derecha divisamos una carretera y a dos ciclistas que suben haciendo zig-zag, la misma sube al pueblo beyusco de Casielles, 3 km de subida, 23 curvas y porcentajes del 21% hacen que  la llamen en Asturias "Le Petit Alpe d´Huez". Ascendiendo vemos en todo su esplendor El Parque Natural de Ponga, sus masas boscosas, sus montañas. Unos hilos de humo nos descubre escondida entre montañas, su capital Beleño, una palabra celta dedicada al dios Sol, Al fondo la Peña de Ten (2142m) sobre la Cordillera Cantábrica, límite orográfico natural de Asturias y León. Sentimos dejar el municipio de Ponga y, siguiendo tras el Sella entramos en León, Sajambre, Fonseya y  ahí está el nacimiento del Sella, 66 km de río recorridos desde su desembocadura hasta este lugar, lugar sagrado, donde surge el Sella. Al manantial le llaman la Riega, la Fuente del Infierno, miedo nos da su nombre y, cambiando de sentido, nos volvemos al septentrión.

El recorrido del Sella nos ha dejado marcados, su cauce, sus zigs-zags, su entorno natural, sus pueblos, su nacimiento y su desembocadura en el mar.

La demonización de todo lo sobrenatural convirtió este lugar sagrado, el nacimiento del Sella, en lugar maldito. Lo llamaran  la Fuente del Infierno y con el recuerdo del Sella dejamos las tierras de León. Desde más de 2.000 m de altura sobre la Sierra de Beza observamos el Cantu Cabronero (1.998m). Distintas sendas se ven dirigiéndose  a Amieva,  la Senda del Arcediano y la de la Jocica y, más allá, partiendo del refugio de Vegabaño, otra senda parte hacia los Picos.

**VI**

## PICOS DE EUROPA

La mayor formación caliza de la Europa Atlántica a nuestros pies. Un tortuoso paisaje nos abre aún más nuestras ya de por sí abiertas pupilas. Los Picos de Europa, aunque se encuentran en línea con la cordillera Cantábrica, son considerados una unidad independiente, dividiéndose en tres Macizos, el macizo Occidental o Cornión, el macizo Central o de los Urrielles y el macizo Oriental o de Ándara.

Deslizándonos entre corrientes, observamos la espectacularidad de la vertiente sureste del Cantu Cabroneru, sus imponentes paredes verticales en contraste con su opuesta y, a nuestra diestra, Peña Santa (2593m) ya en León. Pero, no queriendo perdernos los lagos de Covadonga, descendemos por el valle hacia el norte, por el río Dobra . Al agua entonces los celtas la llamaba dubrán y, con el paso del tiempo, la palabra se transformó en dobra. Baja el río Dobra cristalino entre hayas, castaños y carbayos, ya en el valle se le apuntan, fresnos, sauces y alisos, para terminar tributando sus aguas al Sella. Estos dos ríos, Dobra y Sella, nos marcaran los límites del macizo Occidental hasta el río Cares donde comienza el macizo Central. Dejamos a nuestros pies la Foz de la Jocica y atravesamos un afluente del Dobra, el Junjumia, para terminar contemplando un gran teatro natural, Los Lagos; el Enol, el Ercina y el pequeño y desconocido Bricial, este último cuando el deshielo rellena su oquedad.

Bajamos sobre estos pequeños lagos de origen glacial y hacemos el Tiovivo, es decir, vueltas y vueltas al lugar. Sopdu me señala, en la proximidad del Lago Ercina, un vagón minero, una entrada en la roca, son las minas de Buferrera, una antigua explotación de hierro, manganeso y mercurio. El lugar a esta hora es sensacional, su silencio, sus majadas, el tiempo anclado en la tierra y en sus aguas. En el entorno, su aislamiento, su soledad, la visión de las cumbres de los Macizos Occidental y Central. En la Majada de los Acebos una casita hay. Vemos el pico de la Torre de Santa María de Enol (2486m) orgulloso por ser el segundo en altitud del macizo Occidental. A su izquierda la Torre de la Canal Parda y la Torre del Alba, picus y más picus, sobre el lago Ercina, el Mosquital y el Llucia. Raseamos los lagos y sobre sus aguas reflejados,  vemos sus picos otra vez pero al revés.

Dejamos este lugar de paz y, próximo a los lagos, vemos nacer al río Casaño que pronto se juntará con su hermano mayor, el río Cares. En poco tiempo alcanzamos el desfiladero del río Cares, unión entre Asturias y León; en la lejanía el pueblecito de  Caín recibe al río entre puentecillos, cortados y precipicios que bajan vertiginosamente a su cauce. Desde nuestra altura, al río Cares le vemos serpentear, abrirse un poco más hacia Poncebos, a donde dirigimos nuestro vuelo. Con razón le llaman la Garganta Divina.  Excursionistas vemos pasar pegaditos a sus laderas, por sendas de libertad, arcos, túneles y sin alas para volar. Miedo nos da verles andar, es la Ruta del Cares.

En Poncebos nos olvidamos del río Cares, pues toma sentido contrario a donde queremos llegar, se va para Arenas de Cabrales, la puerta más importante de los Picos de Europa. Un aparcamiento de vehículos en Puente Poncebos da descanso a sus ruidosos motores. A unos metros una gruta se abre y de ahí parte un funicular, 400m de desnivel, 2200m de longitud que, una vez horadada la roca en el año 2001, empezó a funcionar. El funicular trepa y sube para llegar a uno de los rincones más encantadores de Asturias, Bulnes, el único pueblo de Asturias que carece de acceso rodado. Como no nos podemos colar en el funicular, rodeamos la gruta y una senda nos indica el lugar por donde tirar, el canal del Tejo. Una casita y un puente medieval vemos a nuestros pies, el Puente de la Jaya, con un arco inmenso y un paso estrecho. Nos quedamos con las  ganas de atravesar su ojo y rozar las aguas del Cares, pero optamos por seguir con nuestra altura. La senda, una vez pasado el puente, sube por la ladera izquierda de la montaña. Por dentro el funicular, por el exterior Sopdu y Kan, la garganta espectacular. Un antiguo glaciar que baja desde la Vega de Uriellu talló entre montañas este lugar. El río Bulnes baja limpio y cristalino. En pleno vuelo dos líneas, dos rayas serpenteando se ven, la del cauce y la senda que, unas veces se juntan y otras, tomando distancia, no se quieren ni ver. Un remanso y otro puente divisamos sobre el Bulnes, es el puente del Jondeyón que cruzándolo da acceso a la orilla izquierda por donde otra senda con más dificultad para el hombre  le llevaría también a Bulnes.

Los rayos de sol hacen que brillen las plumas de Sopdu.  No lo puedo evitar y, recordando una canción que mi madre Pluma Gris me enseño, asciendo a la par y le canto:    "¡Qué bonitas plumas tienes, carabí! ¡Qué bonitas plumas tienes carabí! ¿Quién se las limpiará?, carabiurí, carabiurá. Se las limpia su tía, carabí, se las limpia su tía, carabí, con mucha suavidad, carabiurí, carabiurá, con mucha suavidad". Sopdu cada vez abre más los ojos. Como no me acuerdo de más, la termino con el final que dice "Cantando el pío, pío, carabí, cantando el pío, pío, carabí, cantando el pío pá, carabiurí, carabiurá, cantando el pío pá.". Sopdu no puede aguantar y se echa a reír, le entra un acceso de tos y  tenemos que parar. Sobre un gran peñasco nos posamos y hace auténticos esfuerzos para dejar de reír, se pone seria, pero cuando la digo que sé algunas cuantas más, otra vez que se pone a reír, otro día, otro día, me dice, me las cantarás.

El lugar es fantástico, tan solo una pareja humana hemos visto discurrir por la senda, subiendo entre piedras, parando para respirar. Mientras una neblina nos envuelve, para en poco tiempo desaparecer, retomamos el vuelo y ahí está la otra parte de la gruta, la del funicular, saliendo a la luz, a la senda y ya, a poca distancia, el pueblo de Bulnes. Revoloteamos por Bulnes (650m). A la entrada un cementerio y enfrente su iglesia nos recibe. Un hermoso y centenario tilo da sombra cuando el sol se digna a visitar este lugar. Un puentecito cruza el río Bulnes, siete casas o tal vez más y, en la fachada de una casa una leyenda que dice Alojamiento Rural La Casa del Chiflón. A nuestros oídos llegan las explicaciones del posadero, un tal David, que a una pareja en el zaguán les da, "…el porqué de Chiflón, de chiflido, silbido, por las corrientes de aire que soplan por aquí". En la Casa del Puente un vehículo aparcado llama mi atención, camioneta es, si no tienen acceso rodado ¿cómo habrá llegado hasta aquí? La respuesta su propietario la sabrá, es el padre de David. Dejamos al joven posadero dando su razón y volamos a la diestra. A nuestros pies o patitas vemos cómo un camino lleva a Bulnes de Arriba o el Castillu, unas cuantas casas, un gallinero y los restos de una torre de observación. La garganta y la senda desde este lugar se ven perfectamente encajonadas y, a la par, unas pitas en el gallinero encerradas están, si no de qué orgullosas con el rabillo del ojo nos iban a mirar. Volvemos sobre Bulnes, es encantador, detalles por aquí y por allá. Una indicación nos señala un mirador. Azuza el hambre y un zorzal en nuestras garras cae. En el mirador nos lo zampamos y, desde ahí, el Picu Urriellu se ve, o el Naranjo de Bulnes, aunque una vecina del lugar un verso decía de él "No me llaméis Naranjo, pues fruto no puedo dar, llamadme Picu Urriellu, que es mi nombre natural"

Nos lanzamos hacia el Picu. El collado de Pandébano ya está a nuestros pies y enfrente, colosal, el Picu Urriellu (2519m), una de las cumbres emblemáticas del alpinismo español e internacional, así como todo un símbolo para Asturias. Su forma es de una belleza sensacional, lo sobrevolamos por su cara norte, por su cara sur, por el este, por el oeste, es el rey del macizo Central. Dos manchas de color vemos trepar, están en la cara Oeste. Dos escaladores siguen la vía Orbayu, una de las vías más difíciles del mundo en escalada libre de hacer. Sus avances son lentos, seguros. Desde nuestra situación, planeando a 2000 m, es un lujo poderlos contemplar, su técnica, su voluntad, su valentía, su paz. La dificultad no solo reside en su verticalidad sino en el estado extraordinariamente liso de la pared. Todas las caras del Picu tienen unas cuantas vías: la cara Norte con su vía Pidal-Cainejo, la primera ascensión (1904), la Sur, Hermanos Martínez, el Pecadillu, la cara Este, Pájaro Loco, Amistad con el Diablo, la Oeste, Sagitario, Murciana y unas cuantas más. Escaladores a no olvidar Pedro Pidal y Gregorio Pérez, Víctor Martínez, natural del pueblo de Bulnes, el vizcaíno Andrés Espinosa, los hermanos Martínez hijos de Víctor, los alpinistas aragoneses Alberto Rabadá y Ernesto Navarro, los primeros en abrir una vía por la cara Oeste. García Gallego (Murciano), José Ángel Lucas, Cesar Pérez de Tudela y Pedro Antonio Ortega, la primera vía invernal por la cara Oeste siguiendo la vía Rabadá-Navarro, los hermanos Pou, Iker y Eneko, por completar tras ocho horas de actividad en escalada libre la ruta Orbayu y todos los bravos y valientes escaladores que faltan o ya no están.

Sobrevolando el Picu Uriellu, hacia el sur, otro pico nos llama la atención y volamos hacia él, es el Pico Tesorero (2570m), centro orográfico de los Picos de Europa. En él confluyen los límites de Asturias, León y Cantabria y, desde aquí, distancias equidistantes a las capitales de Oviedo, León y Santander.

Más hacia el sur, ya en tierras de Cantabria, la comarca histórica de la Liébana con Fuente Dé, su teleférico y Potes como rey de los cuatro valles que la cobijan.

Seguimos nuestro vuelo hacia el oriente por la línea divisoria entre Asturias y Cantabria. El Macizo de Ándara ya se ve y unas manchas pardo-rojizas saltando entre peñas y rocas nos distraen, es un grupo de rebecos en plena ascensión. En poco tiempo nos encontramos con el río Duje, que acaba de nacer. Su pequeña y rítmica corriente de agua divide al macizo Central del Oriental, regando con sus aguas, la parroquia de Sotres (1050m), la más alta de Asturias. Casas y casitas apiñadas se ven, cuevas naturales donde maduran su queso de cabrales también. Desde distintos puntos se ven llegar sendas, caminos que aquí terminan o empiezan, peñas, picos, valles alcanzados o por alcanzar. La tarde comienza. Sotres clavado en la ladera con el sol calentando las tejas de sus viviendas se va quedando atrás. A poca distancia, a nuestra siniestra, divisamos el pico Obesón y el concejo de Peñamellera Alta con Allés de capital. A la diestra, ya en la Liébana, las cimas más altas del Macizo Oriental. Nuestra vista llega a divisar el pico Sagrado Corazón (2214m), en su cima una estatua da nombre al lugar. Según avanzamos, las cumbres van perdiendo altura progresivamente. Al sudeste la Horcadura del Canto (1268m). Enfrente, a poca distancia, el pueblo de San Esteban de Cuñaba, en el concejo de Peñamellera Alta. Seis casas y por encima unas crestas defendiendo su título de pueblo ejemplar de Asturias (1990), en el valle Cuñaba .

El río Deva, nacido allá por el circo de Fuente Dé, pone término a los Picos de Europa por su parte Oriental, no sin antes haber dejado labrado entre paredes y rocas calizas, la garganta más larga de España, el Desfiladero de la Hermida que, con sus 21 Km, une las localidades de la Liébana (Cantabria) con Peñamellera Baja (Asturias). Nos unimos en nuestro revolotear al Deva. Su nombre de origen celta "Diosa de las aguas", nos retrotrae a la cultura celta y a sus vidas unidas al mundo salvaje y natural. El Deva es truchero, salmonero. Discurriendo en paralelo a la carretera va, por su izquierda un río se le une, es el río Cares otra vez, desde León no ha parado de correr y, en su confluencia, un espacio natural, el área recreativa la Brañona, da ocio y expansión a los habitantes del lugar. Las primeras casas del pueblo de Panes ya se ven.

# VII

## SIDRA NATURAL

Sobrevolamos Panes con ilusión, las aguas del río Deva nos llevarán al mar. Vemos a unos guajes jugando a los bolos. Una bola lanzada hacia nosotros describe una parábola y cae, rodando derriba a tres y los bolos que quedan de pie, estáticos, imploran perdón. Solo Sopdu y yo oímos sus gritos al pasar, luego se callan y ríen. Uno de los bolos le dice al de su derecha, si te dan tírate, hazte el muerto y vuelven a reír. Sopdu me mira perpleja, ni ella ni yo entendemos quién juega con quién, si los bolos con los guajes o al revés. Muy cerca un edificio con una leyenda en su pared rosada dice "Museo de los Bolos de Asturias". El museo, inaugurado en el año 2003, conserva la memoria histórica del juego y más de mil bolos por ver. Observamos la villa, la iglesia de San Vicente con restos de la anterior, el palacio de San Román (s. XVII), la iglesia de San Juan de Ciliergo, casas y casonas.

Nada más salir del pueblo hay señales de la Cueva de la Loja, enclave paleolítico, perteneciente al pueblo de El Mazo que dejamos a nuestra derecha para continuar Deva abajo. Pronto el río se hace frontera y divide en su pasar a la tierra en dos, tierra asturiana en la ribera izquierda y cántabra en la derecha. En sus aguas vemos jugar a una pareja de patos. Se acercan a la orilla izquierda, ahora son asturianos, se separan y van a la derecha, ahora son cántabros. Me separo de Sopdu, me voy a la ribera cántabra y grito ¡Viva Cantabria!, Sopdu desde la ribera izquierda sonríe y me responde, gritando ¡Puxa Asturias! y así, en vuelo por sendas orillas, nos mantenemos un tiempo, Sopdu Asturiana y yo Cántabro.

El atardecer está cayendo y pasamos rápido los pueblos de Unquera (Cantabria) y Bustio (Asturias) con su puerto pesquero. Ya se huele el mar, estamos en la Ría de Tina Mayor.

Entre marismas, montañas y verdor salimos, por la Ría de Tina Mayor al mar. Por el Oeste el sol se quiere agachar. Volamos al norte y profundizamos en el mar. La sensación de libertad es total, solo unas nubes rojas por los reflejos del sol le dan color. Subimos cada vez más alto para dejarnos caer. En picado, las velocidades que a la par llevamos, son sensaciones de mayor libertad, los cuerpos encogidos, rompiendo el aire, su sonido, el roce del aire, la tremenda concentración que tenemos que llevar y el control cuando a pocos metros de las aguas nuestros cuerpos cambian de dirección, un frenesí, un éxtasis que incluso podemos repetir. Unas ruinas mimetizadas con las rocas de  los acantilados del lugar entre eucaliptos asoman, son  las ruinas de un monasterio del Cister, el monasterio de Santa María de Tina. Más allá la ermita de San Emeterio, patrón de los zapateros, a escasos metros, unas escaleras descienden a la cueva prehistórica del Pindal  (Patrimonio de la Humanidad). Pegada al acantilado, una verja de hierro cierra una boca ancha y guarda a buen recaudo los tesoros de una era postglaciar.

A poca distancia un faro vemos, siempre me han gustado los faros y hacia él nos dirigimos, es el Faro de San Emeterio, el faro de Tina Mayor, el faro más solitario, abrupto, salvaje, rudo y agreste del litoral asturiano, a 70 m sobre el nivel del mar, con su veleta y pararrayos, sobre un edificio cuadrado en torno a un amplio patio, nos parece el lugar más idóneo para pasar la noche, para descansar después del día tan enriquecedor de hoy.  La barandilla de hierro que rodea a la linterna del faro plateado es una tentación. Nos posamos sobre ella para al final terminar sobre unas tejas al sur a resguardo del viento, evitando los destellos directos de luz que cada cinco segundos iluminan el lugar lanzando su señal. Sopdu se acurruca junto a mí y nos abrigamos y tapamos con la sábana de las estrellas que brillan a nuestro alrededor. Como siempre, Sopdu no para de hablar. El sueño me vence y ella que si el puente de la Jaya, que si la Canal del Texu, la vía Orbayu, que si el Deva, cuando me quiero dar cuenta el pico me lo clavo y dejo de roncar. Aburrida se calla y me deja por fin dormir.

El amanecer, el viento y el rugido del mar nos despiertan ¡Qué espléndido despertar! En el amplio patio una cajetilla de tabaco es desplazada por el viento a un rincón. Agudizo mi vista de halcón, sus letras impresas en negro me impresionan aún más, FUMAR PUEDE MATAR, PALL-MAR, Al final el viento gana, la arrastra al exterior y por el acantilado se va para el mar. Siempre ha sido así, el desperdicio, lo que no vale, suele terminar en el fondo del mar. Mientras tanto, Sopdu, se estira, limpia sus plumas, se acicala. Nos disponemos a partir, el sol comienza por el Este a brillar. Dando la espalda al sol, a nuestra diestra, la inmensidad del mar y, enfrentado con él, la tierra, con la aserrada formación de la Sierra del Cuera. Al fondo ,como telón, los Picos de Europa. Para espabilarnos hacia ahí nos vamos, pasamos el mirador del Picu, el pueblo de Pimiango, la ermita de San Roque y, en el pueblo de Colombres, damos la vuelta, sus casas indianas con una, dos o tres palmeras, anunciando su origen, su historia su devenir.

Un brillo en tierra junto a un camino me deslumbra, me intriga, dos vueltas doy, Sopdu me sigue descendemos, y una botella de sidra es, Trabanco Sidra Natural, reza una etiqueta pegada a su cristal. A alguien se le ha debido de caer, aunque rota está, dos tercios de botella queda y, lo más sorprendente, su néctar aún está. Por primera vez vamos a probar este manjar que tanta veces hemos visto al hombre escanciar, beber, probar. Como halcón galán que soy, cedo el primer culín a Sopdu, con sumo cuidado para no cortarse con el cristal. La botella tumbada en la tierra, separada de su cuello, deja un hueco a la medida para poder beber. Sopdu bebe, lo saborea, me guiña un ojo, da su aprobación y bebe un poquito más, ¡uf, que sed! Me cede el sitio, ahora bebo yo y siento un ligero picor al pasar el néctar por el gaznate, no está mal, bebo un poco más, ahora somos dos bebiendo, nuestros picos intentan coger y retener el mayor líquido posible, ¡uuuuhm que rico está!  De repente, Sopdu se aparta y se pone a bailar un rock and roll, ¿será verdad lo que ven mis ojos? ¡si, si! , pues me invita a danzar, la acompaño pero entiendo que no debe ser mi fuerte, al tropezar una y otra vez, lo mío es volar.

Si al hombre la sidra le sienta bien, allá él, a nosotros no, nos atonta los sentidos. Será mejor que echemos a volar, que nos dé el aire fresco que nos despeje. Sopdu es la primera en iniciar el vuelo, el despegue es de pato mareao, pero lo consigue. Yo estiro las patas antes de volar y no sé por qué  me da por bailar el casatschok,  Sopdu  ya en vuelo no para de reír. Dejo de bailar y cojo carrerilla para echar a volar. Cierro los ojos, es la primera vez que cierro los ojos al despegar, mi ala izquierda roza una rama de retama y de bruces  a punto estoy de caer, pero al fin en el aire estoy, Sopdu haciendo ochos y yo intentando en pleno vuelo bailar un twist, el airecillo nos viene muy bien. Sopdu ya ha dejado de reír y aproximándose en vuelo me susurra que en su vida vuelve a *fefber*, será beber, corrijo y en pleno vuelo me hace una pedorreta ¡Ah, el humor de Sopdu!

El aire salino nos despeja un poco más. Nuestro vuelo ya es natural. Aunque la lengua la tenemos pastosa, la cabeza va bien, y logramos llegar al mar. Hoy hemos aprendido que el halcón no debería beber alcohol.

VIII

## EL ÍDOLO DE PEÑA TÚ

Ya estamos otra vez en el litoral, la costa oriental de Asturias con Punta Cebollera a nuestros pies, al estar la marea alta poca playa se ve, la de la Franca y, hacia poniente, la otra punta la de Santiuste, volamos raso por encima de los acantilados, cuando oímos un ruido ensordecedor  y un chorro de agua salada disparado desde las entrañas de la tierra nos empapa al pasar. Son los bufones de Santiuste, menos mal que no ha coincidido con el zenit de nuestro volar, si no ahora seriamos bocaditos de calamar, el susto es tan grande que aceleramos nuestro ritmo y las playas de Cobijeru y Buelna las pasamos en un santiamén, apagándose el sofocón allá por la playa de Pendueles.

Entre los chupitos de alcohol, los bailes que nos hemos marcado y el susto acompañado de los chorritos del spa, nuestros corazones arrítmicos van. Por lo tanto decidimos descansar y sosegarnos. Una islilla nos da la bienvenida, nos posamos en el islote de los Picones y somos el centro de la concha de esta playa singular. Cuando hay bajamar un tómbolo llega hasta este islote, como es pleamar tapado está y, como el oleaje nos empieza a molestar, tenemos que volver a volar.

Sobrevolamos Pendueles, una bonita portada gótica adorna la iglesia de San Acisclo, continuamos por la rasa asturiana, los acantilados en esta zona son espectaculares, pueblo de Vidiago y, un poco más allá, nuevos bufones, los surtidores expulsando agua marina están, esta vez no nos sorprenden, los hemos visto antes de llegar, por lo tanto nos desviamos, dejamos el mar y nos adentramos hacia el interior.

En la lejanía una roca en un alto de la Sierra Plana de la Borbolla misteriosamente nos atrae y allí descubrimos al ídolo de Peña Tú.

El lugar es mágico y espiritual. Sobre la piedra, grabados y pintados, unos dibujos gráficos, su orientación al levante ha hecho de abrigo natural salvando en parte su desaparición. Todos pintados en rojo, una figura portando un bastón, un animal a cuatro patas, con  trazos cortos, profundos y algún zigzag. Entre ellos destacando una figura, podría ser un hombre, envuelto en ropajes, ¿mortaja, tal vez?, con un penacho en el tocado de su cabeza, dos círculos que son los ojos y un trazo vertical como nariz, dan a su cara un rostro enigmático, varias líneas cortas en su extremo inferior asemejan los dedos de un pie, a su lado grabado una espada o un puñal, símbolo de su masculinidad o superioridad, es el Ídolo de Peñatu. El lugar se mantiene en silencio, no se oye ni nuestro volar. Una verja de hierro protege parte de la peña, la piedra-atuna, Peña-Tú, en el entorno decenas de túmulos,  algunos con cámaras funerarias en su interior, construidas con lastras de piedra (cofres dolménicos), convierten el paraje  en un espacio sacralizado y centro espiritual de las poblaciones neolíticas de la costa oriental de Asturias. Una cavidad abierta en la peña hace unos 4000 años que tal vez sirvió de tumba, a los pies de las figuras, parece recordar y homenajear la dignidad de un notable muerto, la de un hombre importante y singular, el Ídolo de Peña-Tú.

Descendemos ladera abajo para irnos a encontrar con el río Purón y seguir su corriente. En sus orillas, acebos, castaños, alisos, carbayos y avellanos, nos llevan a la ensenada de Purón. Iremos por la costa, lejos de soplos y sustos de algún que otro bufón, pasamos la parroquia de Andrín, con su capilla de Nuestra Señora (s. XV), la iglesia de San Juan Bautista (1895), casas y casonas, el pueblo de Cué, la pequeña playa de Toró, otra pequeña concha, con  pináculos rocosos que peinan las olas antes de llegar a la orilla de arena blanca y fina cuando la hay.

Abriéndonos hacia el mar en perpendicular entramos en Llanes por el dique del puerto. Enormes bloques de hormigón protegen la villa del mar, en este caso son enormes bloques de color, Los Cubos de la Memoria de Agustín Ibarrola, cada cubo 60 toneladas de peso, el contraste es maravilloso. Según entramos, puntitos de color y al fondo, los cristales de los miradores de las casas reflejando la luz y más color, por encima asomando las crestas de la Sierra del Cuera. Llanes nos sorprende a los dos, a mí por las iglesias, a Sopdu por todo lo que empiece por ca: casas, casonas, casinos. Damos vueltas y revueltas. Mira Sopdu ¡que preciosidad!, la Basílica de Santa María de Concejo con su portada románica, mira tu, Peñatú, me dice Sopdu, la casa de los Leones, villa Flora  (1906), dos leones guardan la escalera principal. ¡Mira, mira! la Iglesia de San Salvador (s. XII y XIII), con su torre y su sencilla puerta a los pies. ¡Mira, mira!, el Palacio de los Duques de Estrada, ¡mira, mira!, pero ya no puedo mirar, la mira se me ha estropeado de las lágrimas al reír. Tenemos que parar y qué mejor lugar que un torreón de la muralla. Mira el Casino. Vale, vale ya Sopdu, tengo el cuello recalentao. La verdad que el Casino de Llanes es una preciosidad, modernista, exótico e indiano. Su fachada con balcones decorados entre columnas y mascarones femeninos que no paran de mirar. La escalera principal asienta el edificio y lo deja respirar. Muy cerca un estilo diferente, el neoclasicismo del Ayuntamiento se enfrenta con él.

El descanso nos ha venido muy bien, pero lo nuestro es el volar. Sobrevolamos la ciudad,  recreamos la vista con sus murallas, el Palacio de Posada Herrera hoy Casa de Cultura, el Cercau, la Capilla de San Roque, Casa de los Marqueses de Gastañaga, el río Carraceu, hasta parque hay, el de Posada Herrera. En fin, un encanto de ciudad.

Dejando atrás la playa urbana del Sablón abandonamos Llanes y sobrevolamos el paseo de San Pedro, sobre la loma del mismo nombre. Es un autentico balcón, por una parte al mar, por la otra a la ciudad, el paseo entre acantilados va. Aunque el tiempo está fenomenal, la brisa del mar nos hace redoblar esfuerzos al volar. Yendo pegados a los acantilados  el viento se amaina un poco más. Sopdu no para de subir y bajar, yo creo que si tuvo vida anterior, en su otra vida gaviota fue. En nada alcanzamos  la playa de Poo, la del Portillo, Palombina, del Borizu, todas de arena blanca y fina. Como hay bajamar, algunas se dan la mano y se unen para volverse a separar en pleamar. Atrás van quedando los pueblos de Póo, de Celorio, en éste, su monasterio de San Salvador, de origen benedictino, se dio abrigo a los cientos de peregrinos que iban camino de Santiago, actualmente pegado al mar queda como iglesia parroquial. Entre las playas de Palombina y las Cámaras destaca la torre de El Revellín, más allá el pueblo de Barro y su playa, entre dos islotes que la protegen del mar, playa Toranda en el pueblo de Niembro, también de arenas blancas y finas y alguna piedra que el oleaje transporta por transportar.

Y llegamos a Posada. Una antigua leyenda dice que, huyendo un varón de su padre, vino de Francia a España, llegando a Asturias. Parte del camino un halcón le siguió y, dándole de comer un día se ganó su confianza y, fue tal su relación, que determinó que allí donde libremente el ave se posara, haría posada él.  El halcón fue a parar a un lugar próximo a la noble villa de Llanes, donde hizo su casa el forastero y le apellidaron "Posada". Hoy aún perdura el palacio y de ahí el linaje y el lugar de Posada, gracias al halcón.  A Posada le llaman la puerta de los Picos de Europa por su situación al estar en la intersección  de las carreteras de la costa con la que llega al Parque Nacional de los Picos de Europa. Pero ahí dejamos a Posada, en pleno día de mercado, con su polígono industrial y algún que otro casón indiano. Ya en el mar pasamos por la concha de Torimbia con cuerpos desnudos al sol. Sopdu sonríe, me mira, baja la vista y me vuelve a mirar y sonreír, ya sé, ya sé por qué se ríe. Dejamos a los nudistas tomando el sol. A continuación la playa de San Antolín recibe al río Bedón, extensa y larga, en sus olas, tablas y velas de color, en un idioma extraño a esa actividad le llaman windsurf y surf.

Cerca de ahí aún se mantiene en pie el monasterio de San Antolín, pero vayamos con la leyenda que le cuento a Sopdu: el conde Munio Rodríguez Can, sí, sí, como lo oyes de segundo apellido Can con C, pues bien, Munio Can, Munio Zan o Muñazán, gran cazador y hermano de la madre del Cid, fue desdeñado por una bella y hermosa aldeana .Cierto día que iba en persecución de un jabalí, vio como desaparecía a la entrada de una cueva. Allí con mucho sigilo entró y, con gran sorpresa, descubrió a la bella moza en brazos de un zagal. Enfurecido traspasa ambos cuerpos con su lanza. Una vez sosegada su ira, vera una brillante luz que alumbra una imagen, la de San Antolín. Allí como signo de su arrepentimiento, construirá un monasterio a San Antolín.

En pleno vuelo vemos una depresión cercana a la plataforma costera, un furaco, un gran agujero de forma semicircular, en su interior aparece  una pequeña playa de arena fina  pero sin mar. Damos vueltas alrededor, el mar se mantiene a distancia, es espectacular, declarado monumento natural, está rodeada por rocas calizas y prados del lugar, pero tierra adentro, sin conexión a simple vista con el mar. El oleaje del mar erosionando la costa fue creando una cueva hacia el interior, cien metros de cueva para llegar a un lugar donde la cueva no aguantó, se derrumbó, se hundió, quedando a cielo abierto la oquedad, surgiendo así, la playa de Gulpiyuri.

Debido a la emoción, hacemos círculos alrededor, cada vez más grandes y en espiral. El último ya rozando el mar, lo aprovechamos para seguir por el litoral. Los acantilados kársticos en todo su esplendor  nos enseñan más playas, estrechas y pequeñas, la de San Antonio, la de Cuevas del Mar y,  aquí invito a Sopdu a pasar por un hueco semicircular sin dejar de volar, lo hacemos casi a la par,  por un arco rozando las aguas, ¡ah!, ya sé por qué se llama Cuevas del Mar.

Por el mar entramos en un estrecho cañón. En su fondo y labrada por el mar una pequeña playa, la de Villanueva y, elevándose, un bufón gritando, soplando, vomitando, espuma de mar. Sobrevolamos los pueblos de Villanueva de Pría y Nueva de Llanes. Qué contar de estos pueblos que desde las alturas ya preciosos se ven. Un pequeño río nos devuelve al mar, es el río Guadamía, la playa es prácticamente fluvial, de arena blanca y fina como casi todas las de la costa oriental. A Ribadesella entramos por la pequeña playa de la Atalaya, una senda en la falda del monte Corberu sube a una ermita, es la ermita de la Guía.

## IX

# BOTAS, AGUA, MOCHILA Y BASTÓN

El ocaso empieza a caer sobre Ribadesella, atravesamos el Sella y el inolvidable recuerdo de su transcurrir aflora en nuestros pensamientos. La Sierra del Sueve nos llama, nos atrae y hacia ella nos vamos. Unos aleteos y a nuestros pies los pueblos de Pando y Alea. El Fitu a la vista, desde allí una senda serpenteante se dirige al pico del Pienzu. Ascendemos a la par que la ladera, con nuestra vista vamos divisando perfilados a lo largo de la costa, los pueblos que con sus primeras luces empiezan a brillar, Colunga, Lastres, Villaviciosa, Gijón… Sobrevolamos un bosque, cruzamos la majada de Bustacu, en la lejanía y a nuestra izquierda los Picos de Europa y más recuerdos. Arriondas también se ve. El espacio aéreo de la majada de Mergullines se llena de relinchos de asturcones. Aprovechando sus corrientes, nos embutimos en el collado de Beluenzu. En su cumbre ya se ve claramente la cruz de hierro, clavada en la cima del picu Pienzu (1161m) y, a su lado, una caseta y su punto geodésico.

El sol dejó hace tiempo de alumbrar, ahora es la luna la que quiere sembrar con su suave luz el sueño, el descanso, la inactividad. Una cruz de hierro hipercúbica, nos invita a dormir, nos posamos en uno de sus brazos. Las vistas son de cine, como diría con su voz envolvente ese locutor llamado Carlos Del Amor, pero el lugar no nos convence, cables por aquí y por allí, varias antenas como espinas sobre la cruz. Al final unas rocas mirador nos indican donde soñar. Observamos el lugar antes de dormir, allí un poste sujeta un buzón, vuelo hacia él, sobresale un papel y con el pico me hago con él. Vuelvo con Sopdu y se lo enseño. Aunque sucio un poco arrugado y apenas sin luz Sopdu, algo lee

¡Oh!, exclama, parece ser un poema de amor. Me dice que para mañana al desayunar me lo leerá y en una grieta con sumo cuidado lo guarda. Y una vez más, acurrucados, nos tapamos con la sábana estelar.

El sueño nos vence, pasan las horas y el día empieza a despuntar, es buena hora para cazar. Sopdu aún duerme, la dejo con su soñar y vuelo ladera abajo. Al poco tiempo mis oídos perciben un zureo, que de un bosque de pinos sale y me adentro en el. Unas palomas se están cortejando al amanecer. Al fin atrapo un pichón y con él subo, asciendo, veo de lejos pasar a un par de alimoches, me alejo y, sin perderlos de vista, a Sopdu en su regazo le dejo el desayuno. Pasa el tiempo, ya es hora de partir y, como lo prometido es deuda, Sopdu me lee el poema:

> **Hoy muy temprano me levanté,**
> **quiero reflexionar, pensar,**
> **razonar y hallar el porqué**
> **Si, si el porqué de mí querer.**
> **Botas, mochila, agua y bastón.**
>
> **El bastón que tú me regalaste**
> **allá por Octubre, por San Froilán**
> **conmigo subirá al picu Pienzu,**
> **por la senda de piedra y tierra.**
> **Botas, mochila, agua y bastón.**
>
> **Laura, Laura con tus ojos de miel,**
> **corazón abierto, corazón, corazón.**
> **Sonrisa en tus labios, brillo en tu pelo,**
> **ahora ya sé por qué te quiero.**
> **Botas, mochila, agua y bastón.**
>
> **En este buzón del Pienzu este poema guardo**
> **para que quién lo lea sepa,**
> **que no hay mayor amor Laura,**
> **que el caminar, la libertad y la comprensión.**
> **Botas, mochila, agua y bastón.**

**Marzo/2010**

Nada más terminar mis plumas erizadas están. Sopdu dobla el papel y, con lágrimas en los ojos, vuela hacia el buzón y en él deposita el poema de amor. ¡Vaya despertar! le digo a Sopdu al verla llegar. Sonríe, se posa y casi me tira del empujón que me da.

Decidimos seguir por la Sierra del Sueve hacia el suroeste y ahí queda el picu Pienzu, según dicen, una de las cumbres más altas y más cercana a la costa del mundo, a 5 km. de la costa está. Volamos a gran altura, vemos vacas canelas mirando siempre en una única dirección. No lo entiendo pues siempre que las vemos están como ordenadas todas mirando hacia un mismo lugar, raras veces he visto alguna del revés, solo cuando se juntan en círculo al comer o cuando se sientan antes de llover. Vemos también algún que otro gamo (Dama dama) saltando, escondiéndose no sé de quién.

Entramos en el concejo de Piloña, descendemos y en un espacio abierto carteles indicando el acceso a una gruta, la Cueva del Sidrón.

En tierra, un hombre mayor, con gafas y pelo cano, paseando con un joven le cuenta o explica: **"Muy cerca de aquí existía una casa. Su dueño, un hombre fuerte, corpulento, se llamaba Isidro, Isidrón, y de ahí el nombre de la cueva. El Hombre de Sidrón, Homo neanderthalensis, vivía generalmente a la entrada de la cueva por la falta de luz en su interior. Igual que Isidro, Sidrón era fuerte, corpulento, pero los miles de años de separación diferenciarían morfológicamente, al Homo que se cree Sapiens, del Sidrón. Los estudios antropológicos que hemos hecho de los huesos fósiles han llegado a definir, a un hombre de fuerte musculatura..." Aquí el hombre mayor intenta imitar al Sidrón, se agacha, echa pecho, se lleva el pelo para atrás, camina a saltos, la mandíbula inferior la adelanta. Ríe el joven, él también y, volviendo a su estado natural, se pone serio y continúa; "...era zeugópodo, de frente baja e inclinada hacia atrás, abertura nasal muy ancha, cabeza plana y aplastada y moño en la región occipital. Carnívoro, el hombre del Sidrón llegó a practicar el canibalismo por hambruna cuando la había pues, como gran cazador, prefería la carne de caballo, de jabalí o de rinoceronte lanudo. Diestro, pelirrojo, de buena salud, de rápido crecimiento, con una esperanza de vida de 30 años, sólo pudo con él o le desplazó, el propio hombre, el Homo Sapiens, de esto hace**

**aproximadamente 25.000 ó 27.000 años. De sobra sabrás que actualmente este enclave, la Cueva de Sidrón, es el mayor yacimiento de Neandertales de España y el más importante de Europa.".** Sopdu y yo no paramos de hacer círculos, de aguzar el oído, si el joven acompañante del doctor asombrado está, nosotros aún más.

Nos quedaríamos más tiempo oyendo a este antropólogo físico disertar sobre la humanidad, pero el tiempo pasa y ya estamos cansados de girar y girar. El cauce de un río a la par con una carretera nacional nos indica el camino a seguir. A gran altura y a distancia se ve un núcleo urbano, es la villa de Infiesto.

Remontamos el río Piloña y volamos hacia L´Infiestu. Año tras año desde Infiesto a Sevares, el piragüismo tiene su fiesta con el descenso del río Piloña. Sobrevolamos Infiesto. La villa nació en torno a un puente sobre el río Piloña. Dos barrios tiene, uno en una orilla y el otro enfrente. Cerca de la plaza mayor, el palacio de Cobián y la capilla de Santa Teresa, edificios modernistas y numerosos caserones a lo largo de la calle principal. La torre de la iglesia parroquial nos indica donde está, y más allá, la Casa Consistorial, la casona de los Argüelles, el centro de salud y biblioteca, la estación de ferrocarril y su reloj,…

Salimos de Infiesto en contracorriente al río Marea y el Santuario de Virgen de la Cueva ahí queda, al abrigo de rocas calizas. Un puentecillo cruza el río y la capilla a sus pies, el lugar es ideal. Pero dejemos a la Virgen Santísima y sigamos nuestro volar. Los pueblos, en las orillas del río Marea, se refrescan con su pasar. Otro río paralelo a él busca y rebusca a Infiesto también, es el río Espinaredo. Entre los dos la Sierra de Sellón, en la orilla derecha del Marea, Vegarrionda aparece con su iglesia y Hotel Rural, el Peñueco, La Marea y su río cada vez con menos caudal, un arroyo, un hilillo de aguas y en el puerto de Arnicio le vemos nacer.

Sobrevolamos a gran altura, atravesando el monte Tanes, unos rebecos vemos saltar. Nos sorprende el concejo de Caso con el

Parque Natural de Redes (Reserva de la Biosfera), el embalse de Tanes, Campo de Caso y, el río Nalón surgiendo allá por Tarna.

No podemos evitar adentrarnos en esta salvaje naturaleza del Parque de Redes: hayas, carbayos, castaños, arroyos, ríos, sendas, sierras, una gran diversidad de fauna y flora que, para nosotros, es un vergel. Me aproximo a Sopdu y la digo; ¿sabes qué?… ¡estoy más a gusto que un arbusto! Y, otra vez más la hago reír. Descubrimos el valle del río Arrudos y, siguiendo el río corriente arriba, el espectacular Desfiladero de los Arrudos. Salimos de la hoz y volamos al Picu Torres (2104m). Las vistas desde aquí son increíbles y abarcan desde la Sierra del Sueve hasta León. Descendemos por su ladera a la par que el río San Isidro, giramos un ángulo de noventa grados a nuestra diestra y ascendemos. El pico Retriñón (1862m) a nuestros pies ¡Una familia de lobus! me indica Sopdu, para a continuación desaparecer. Un nuevo río nos invita a seguirle, el río Alba, nos hundimos en su desfiladero, el Desfiladero del Alba, al alba debe ser una preciosidad. Volamos con mucha precaución, el desfiladero es angosto, pequeñas cascadas, cortes perpendiculares en sus estructuras geológicas, paredes rocosas de gran verticalidad, la naturaleza gritando y, al fondo, el cauce del río que produjo la erosión y sus aguas componiendo rítmicas notas de color.

Cuando nos queremos dar cuenta estamos sobrevolando la aldea de Soto de Agues. Una aguja apuntando al cielo, es la torre de la iglesia de San Andrés, dos capillas más, unos cuantos hórreos, un pequeño puente, tres barrios, casas con corredores de madera…hacen de este enclave algo singular. A unas leguas Rioseco, capital del concejo de Sobrescobio y su embalse, al cual el río Nalón ha ido a desaguar.

X

# EL RÍO NALÓN

Me gustó tanto el río Sella, que ahora soy yo quien propone a Sopdu remontar el río Nalón, el más largo y caudaloso de Asturias. Ya vimos que da sus primeros saltos allá por Tarna, en un lugar llamado Fuente la Nalona. Por un caño un hilillo de agua sale a 1460 m de altitud, hilillo, que sumando afluentes y distancia, crecerá.

Estamos en el concejo de Caso. Su capital Campo de Caso, con un precioso puente romano de un solo arco, nos recibe a la entrada de la capital. Sus casas apiñadas nos saludan, casa del Pandu (s. XVI), la casa de la Torre con su antigua capilla. El río Nalón se enriquece a su paso por el Parque Natural de Redes y, en el embalse de Tanes, ya comienza a ser mayor. Rioseco le recibe como adulto y desde aquí con nuestros vuelos disfrutaremos del río Nalón

Pronto llegamos al concejo de Laviana. Nueve parroquias forman el concejo y, a nuestros pies, una de ellas, el Condado o, como dice un cartel, El Condau. Una torre de origen romano, el Torreón, se enseñorea sobre el Condau.

Siguiendo el cauce del río Nalón en su orilla izquierda dejamos  Lorio y el Entralgo, cuna natal del gran escritor Armando Palacio Valdés, para enseguida llegar a la capital del concejo de Laviana, Pola de Laviana, situada en el centro del ancho valle que aquí forma el Nalón. Damos unas vueltas por la capital, vemos la iglesia de la Asunción y el Ayuntamiento de estilo modernista en blanco y azul. Sobrevolando un colegio a nuestros oídos unas notas llegan, se escapan por una ventana, aguzamos el oído. Es un cantar, parece el himno de Asturias pero no es su letra. Unos guajes dan geografía y el cantar dice así:

> El río mayor de Asturias
> Se llama río Nalón
> Cruza la Cuenca Minera
> Para lavar el carbón
> Para lavar el carbón
> Y para regar las tierras
> Que dan buenas pumaradas
> Y muy hermosas praderas
> Nace en el Puerto de Tarna
> Desemboca en San Esteban
> Pasa por Pola de Laviana
> Por Sama y la Felguera.

Posados en un alar  hemos escuchado esta lección y, de paso ya sabemos por dónde pasaremos y a dónde llegaremos. Dejamos este rincón, volamos hacia un pequeño cerro y, junto a un cementerio, vemos el Santuario de la Virgen del Otero.

Volvemos al río Nalón, no sin antes atrapar a una urraca en el Parque de los Príncipes y comérnosla en el paseo fluvial. El río cada vez con más caudal, ya en el medievo se hablaba de él como el Nilone, derivación del gran río egipcio Nilo, hoy Nalón. Las aguas nos llevan al municipio de San Martín del Rey Aurelio. En Sotrondio un precioso puente metálico de color amarillo cruza el Nalón. Las poblaciones de Sotrondio, El Entrego y Blimea hoy por Decreto Ley son unidad. En El Entrego divisamos una máquina y su respectivo vagón de carbón junto a un edificio donde sobresale una torre con castillete por donde una jaula se desliza y conecta con una mina imagen, es el MUMI (Museo de la Minería), la gente se arremolina para entrar. Las poblaciones carboníferas están situadas en pleno valle, a los pies del Nalón, entre picus y cordales. En pleno vuelo observamos alguna mancha boscosa de castaños, librada aún de la tala indiscriminada que el hombre ha ejercido por aquí. Siguiendo el cauce del río entramos por Ciaño, en Langreo, o más bien Llangréu "pa nun ferir a naide"  pues en un cartel han tachado el nombre de Langreo, aunque a su lado esté el de Llangréu  ¡Ah! el hombre y su vanidad.

Langreo es grandioso. De todos sus nombres me quedo con Lagueyo (tierra apacible y deleitosa en griego) pero como, no se me da bien pintar, dejaré el cartel como está. Sopdu empieza a ascender cada vez más alto, porque quiere contemplar bien la ciudad. Langreo está formado por ocho parroquias, de las cuales seis ya son distritos urbanos conformando la ciudad, Barros, Ciaño, La Felguera, Lada, Riaño y Sama y, como parroquias ya más apartadas de la ciudad, Tuilla y La Venta.

La Venta es la menor del municipio, más al norte Tuilla cruzándola el río Candín. Un ferrocarril de vía estrecha la une a Laviana, el FEVE (Ferrocarriles Españoles de Vía Estrecha). La población de Tuilla actualmente es conocida en el mundo por ser la cuna natal de David Villa, Campeón del Mundo,  Bota de Plata como segundo máximo goleador y Balón de Bronce como tercer mejor jugador en el Mundial 2010. Máximo goleador con España de todos los tiempos, la Federación Internacional de Historia y Estadística de Fútbol situó a Villa en el tercer puesto de la clasificación como El Mejor Goleador del Mundo en el año 2010. Me lo ha dicho un pajarito le susurro a Sopdu.

De Ciaño nos sorprende la Iglesia de San Esteban originaria del siglo XII y el Santuario del Carbayu, con su espadaña monumental de tres pisos ¡nada más!, la casa y torre de la Quintana, la casa de la Buelga, todos, todos, Mo-nu-men-tos His-tó-ri-cos Ar-tís-ti-cos, que lo sepas Sopdu. Uno de los pozos mineros más emblemáticos de Asturias, el Pozo María Luisa, está en espera de que lo cataloguen como Patrimonio de la Humanidad. Sus muertes cobradas por el gas grisú, la popular, estremecedora y tradicional canción de "En el pozo María Luisa" hacen de él uno de los pozos mineros más importantes del mundo.

Su letra relata la historia que le cuenta un minero a su mujer (Maruxiña) cuando llega a su casa con la camisa ensangrentada por la muerte de un compañero. Siempre que la oímos las plumas se nos ponen de punta.

Sama, al igual que Ciaño o Ciañu y Lada está en la orilla izquierda del Nalón. Pasamos entre dos torres de aguja, es la iglesia de Santiago Apóstol y, a nuestros pies una cruz. El lugar es cuna natal del gran actor Narciso Ibáñez Menta, padre del realizador de cine y televisión Chicho Ibáñez Serrador. Más allá unas rayas paralelas e infinitas llegan a un edificio de paredes sólidas y gruesas, es la estación de Sama.

En Lada el atardecer empieza a caer, dormiremos por aquí, ¡qué bien! exclama Sopdu. Estoy con ella, el lugar nos está fascinando. Cruzamos el Nalón, un bonito puente metálico lo cruza, nos parece que la Felguera puede ser un buen sitio para pernoctar.

Hacemos círculos sobre la Felguera, los ojos bien abiertos pues no queremos perder detalle y comienza a oscurecer. Vemos edificios de grandes proporciones, la Iglesia de San Pedro, el Pozo Candín, la estación del ferrocarril de la Vega y su entorno ferroviario con sus viviendas, cocheras, casitas adosadas de colores, antaño gris, hoy rosas, ocres, verdes, el Edificio de la Salle, el Colegio de Dominicas, con su fachada principal en Art Decó, el Museo de la Siderurgia de Asturias (MUSI), cuyo Centro de Recepción está en el interior de una antigua torre de refrigeración, de 45 metros de altura, muestra al visitante el proceso de industrialización que se vivió en estas cuencas mineras. También destaca la empresa Duro Felguera, que llegó a ser el centro siderúrgico más importante de España, fundada por un empresario pionero D. Pedro Duro. Algunas luces se empiezan a encender en la ciudad y Sopdu me hace una proposición, me invita a pasar la noche en la antigua casa de dirección Duro Felguera, u Hotel de Ingenieros, hoy Palacio de las Nieves y hotel-spa, propuesta que acepto sin rechistar.

Elegimos un árbol centenario, un gran carbayo. El palacio, rodeado por un hermoso Jardín, ya está iluminado. Desde nuestro rincón   el edificio de corte vienés brilla aún más. Pronto el cansancio nos vence ¡Bona nueche Sopdu! ¡Bona nueche Kan!

Un ruiseñor con su trino nos despierta al alba. ¡Bonos díes Kan!, me dice Sopdu ¡Bonos díes Sopdu!, le digo yo. El hotel debe estar lleno pues ya hay un auténtico trajín. La noche ha sido muy tranquila, nos estiramos y damos unas vueltas por el jardín. La estación de ferrocarril al Oeste se ve y hacia ella nos vamos. A su lado el río Nalón baja nervioso, ¡claro! está en la ciudad. Seguimos su curso por la orilla derecha, enseguida llega Barros, donde surgió el primer Ayuntamiento de Langreo, y continúa Riañu, el último distrito de esta gran ciudad.

Sopdu no se encuentra bien. Desde que salimos tiene un presentimiento, algo no va en su interior y me hace un ruego ¡quiero volver a Gijón! Me quiere dar explicaciones, pero le resto importancia y le digo que no se preocupe, sus razones tendrá, el Nalón puede esperar. Cambiamos el rumbo, dejamos el río y, con un giro de noventa grados, tomamos el norte, hacia Gijón.

# XI

## EL PRESENTIMIENTO

Los halcones tenemos algunos sentidos muy agudizados, uno de ellos es la intuición. Un shock, un cambio de ritmo en la palpitación, nos pone sobre aviso y detectamos enseguida el peligro. La sensación de saber que algo va a suceder es muchas veces nuestra salvación pero, otras veces, es una mera advertencia de algo que por su repetición captamos sin más. Por eso y de mil amores acompañaré a Sopdu hasta el final.

Vamos rápido, estudiando las corrientes, a nuestros pies, ya aparece Pola de Siero. Cruzamos un campo de fútbol junto a una autovía. Las vías del tren por nuestra izquierda van a parar a la estación. Vemos el Parque de la Ferlera, la carretera nacional, la Iglesia de San Pedro, con sus dos torres vigilando su nave central, en pleno centro de la ciudad, para terminar  saliendo por el norte de la capital. Desde nuestra altura  divisamos a distancia una construcción palaciega, próxima a la población de Lavandera, el Palacio de la Torre de Celles (barroco rural) y seguimos nuestro volar.

Pasado el río Noreña, yendo en paralelo a la Autovía Minera, AS-I como reza un cartel, una pequeña aldea en lo alto de una colina La Peral, nos ve pasar. No, no la de los caramelos La Peral, sino la de Celles. Ya está próximo Gijón. Sopdu, conocedora del terreno, a la altura de Tueya hace un quiebro a su derecha y se dirige hacia un pequeño río, es el Piles. Me dice que es tan pequeño, que su nombre tiene su origen en la palabra latina pilam "pilastra, columna" con las cuales se podría pasar de orilla a orilla. En su margen unos chopos se estremecen, es el chopo temblón, debido al movimiento que adquieren sus hojas a la menor brisa que sople. Mi madre Pluma Gris me contó que según la tradición, el estremecimiento de las hojas se debe al momento en que tuvo lugar la crucifixión de Jesucristo, el Hijo de Dios, porque, justo en ese momento crucial, todos los árboles inclinaron la cabeza, salvo este álamo que mantuvo sus ramas inhiestas. Desde entonces, el árbol, tras haber reconocido su soberbia y como arrepentimiento, no ha dejado de lamentarse con el susurro y estremecimiento de sus hojas.

Gijón y el mar ya se ven, la Camocha a nuestra izquierda. Sopdu me cuenta la historia de la mina de la Camocha. La leyenda popular dice que sus galerías van bajo el mar, tres kilómetros la separan de la costa y, la mina navega bajo el mar. Al recordar su cierre definitivo a finales del año 2008 y, sus últimas muertes. Sopdu no lo puede evitar de  tan sensible que está, se me pone a llorar. Algo le dice que su familia no está bien. Pasamos rápido la Vega, vemos ya la gran torre de la Universidad Laboral.

Sopdu ya ve su hogar, el nido sobre la torre de la Universidad. Miro a Sopdu, su mirada está fija sobre un punto. Dirijo la vista a ese mismo lugar, junto a la torre y más abajo, sobre la cúpula de la iglesia, manchas de sangre y un cuerpo estrellado de halcón. Hacemos círculos alrededor y Sopdu reconoce en el cuerpo a su hermano de juegos, de vuelos, pobre Arel. En vuelo se aproxima ahora al nido y la sorpresa es brutal. Dos cuerpos juntos sin vida yacen en él, con sus ojos y cuellos hinchados, son sus padres, Kefren y Amir. Junto a ellos, restos de comida, huesos de pollo. Sopdu quiere bajar, posarse, pero se lo impido cruzándome y adelantándome a su volar. Estudio la situación, para mí está claro, es una infección. La calmo e intento tranquilizar su desasosiego.

Planeamos a gran altura, el nido está a más de cien metros, la pido que me siga, asciendo cada vez más, en un momento dado hago el picado, intento batir mi propio record de velocidad. Sopdu me sigue, los cuerpos encogidos, aflechados, sintiendo la tensión del roce del aire sobre las plumas, rozamos los 400 km/h., la adrenalina actúa sobre nuestro sistema nervioso, logrando su función. A pocos metros del suelo cambiamos de dirección. Sopdu está mejor. Nos alejamos del lugar, nos volvemos a acercar, nos metemos en corrientes en contra y a favor, nos dejamos llevar, ahora el planeo es a gran altitud. Al final Sopdu se empieza a recobrar.

Por los síntomas, las muertes apuntan a la enfermedad de Newcastle, altamente contagiosa, que afectan por lo general a las aves de corral, de ahí los huesos de pollo. El agente causal, el virus NDV y su transmisión, al alimentarse la familia de Sopdu de un pollo contagiado por esa enfermedad.

Y una lectura positiva de esta enfermedad: en el año 2006 una investigación en la Universidad Hebrea logró un gran éxito, al aislar una variante del Virus de Enfermedad de Newcastle, con el objetivo de atacar especialmente a las células de cáncer. Los investigadores probaron la nueva viro-terapia en pacientes con glioblastoma multiforme obteniendo unos resultados muy prometedores por primera vez.

Sopdu formó parte de la última y quinta nidada y, si tenemos en cuenta que el número de nidos por pareja suelen variar de uno a siete en un periodo de dieciséis años, y las puestas de tres o cuatro huevos por lo general, sus padres fueron un ejemplo de fertilidad y fecundidad, pues en esa lista de hermandad, era el decimo séptimo ejemplar. De sus dos hermanos de nidada, Arel, el mediano, fue su confidente, su amigo, su hermano de vuelos y juegos. Del mayor Zoser apenas puede hablar, pues un buen día desapareció y no lo volvieron a ver. De lo que sí está segura y orgullosa Sopdu es de la vida intensa y plena que sus padres llegaron a vivir.

Los esfuerzos hechos al volar, la rabia contenida diluida con el volar, hacen que el cansancio ya lo empecemos a notar. Sopdu hoy no quiere saber nada de Gijón, por eso volamos tierra adentro, prados, pumaradas, parcelas, chalets, pasamos el Alto de la Madera y cuando nos queremos dar cuenta, estamos en las proximidades de Noreña.

La vida y la muerte en la mente de Sopdu se mezclan, se relacionan entre sí. Intenta comprender buscando los porqués. Hoy estás sobrevolando el pico más espectacular, contemplando vistas de naturaleza viva sin igual y mañana desciendes por el valle de la muerte llevado por su corriente hacia el más allá.

La capital municipal del concejo de Noreña, La Villa de Noreña, le devuelve a la realidad. Entramos por el este y planeando avistamos el Palacio de Miraflores y la capilla de San Joaquín, cruzamos las vías del FEVE, unos campos de fútbol y el río Lomba o Noreña. Nos situamos sobre el núcleo de la ciudad y, para disfrutar aún más hacemos círculos en derredor. Vemos un hermoso edificio renacentista, es el Ayuntamiento de Noreña. Un poco más allá, impávido y en un pedestal, un cerdo en bronce y a tamaño natural, le llaman el Gochu, donado por una asociación, la singular cofradía gastronómica de Los Caballeros de la Orden del Sabadiego, de la cual es presidente de honor S.M. El Rey Juan Carlos I, y miembros honoríficos entre otros, Camilo José Cela, Alfredo Landa, Manuel Fraga, Alfredo Amestoy, Concha García Campoy, Arturo Fernández, Sofía Mazagatos, y algún otro más. Muy cerca un templete de hierro con planta octogonal, es el bello Quiosco de música de la antigua Plaza Mayor con sus jardines de color. Ascendemos sobre una suave colina, el Rebollín. En su cima la Casa del Reloj, de cárcel a lugar de exposición y la soberbia construcción del Palacio de Rebollín. En su fachada, dos escudos correspondientes a las armas de los Argüelles y los Quirós, nos indican algunas de las poderosas familias asturianas que habitaron este solar. De la colina del Rebollín nos vamos a la de Noreña, la del Ecce Homo o Castañeu de la Soledad. Más que la capilla del Ecce Homo nos llama la atención algunos castaños centenarios de anchos troncos en ese mismo lugar, y bordeando la ciudad salimos por el sur. La iglesia de Santa María con su bonito pórtico y torre cuadrangular nos despide de esta bella ciudad.

Noreña ha conseguido distraer a Sopdu, por lo menos ahora la mirada no la tiene perdida. Pasamos por Tiñana plagado de llagares. En un prado un burro asturiano despierta nuestra curiosidad pues no para de rebuznar, ¿le dolerá la cabeza?, pregunta Sopdu, le digo ¡que no, que no!, pues tiene puesta una gorrita negra, ¿una gorrita negra? pregunta, ¡si, si!, y entonces para animarla en pleno vuelo le canto esta canción:

**A mi burro, a mi burro**
**le duele la cabeza;**
**y el médico le ha puesto**
**una gorrita negra.**

**Una gorrita negra,**
**mi burro enfermo está.**

**A mi burro, a mi burro**
**le duele la nariz**
**y el médico le ha dado**
**agüita con anís.**

**Una gorrita negra,**
**agüita con anís,**
**mi burro enfermo está.**

**A mi burro, a mi burro**
**le duele la garganta;**
**y el médico le manda**
**una bufanda blanca.**

**Una gorrita negra,**
**agüita con anís,**
**una bufanda blanca,**
**mi burro enfermo está.**

**A mi burro, a mi burro**
**le duele el corazón;**
**el médico le ha puesto**
**jarabe de limón.**

Una gorrita negra,
agüita con anís,
una bufanda blanca,
jarabe de limón,
mi burro enfermo está.

A mi burro, a mi burro
le duelen la rodillas,
y el médico le manda
un frasco de pastillas.

Una gorrita negra,
agüita con anís,
una bufanda blanca,
jarabe de limón,
un frasco de pastillas,
mi burro enfermo está.

A mi burro, a mi burro
le duelen las pezuñas;
y el médico le ha puesto
emplasto de lechugas.

Una gorrita negra
agüita con anís,
una bufanda blanca,
jarabe de limón,
un frasco de pastillas,
emplasto de lechugas,
mi burro enfermo está.

A mi burro, a mi burro
ya no le duele nada,
pero el muy perezoso
durmiendo está en la cama.


Sopdu sonríe, con sus ojos atónitos me mira y vuelve a sonreír y reír. Yo para mis adentros me digo, ¡Lo conseguí, lo conseguí! "...ya no le duele nada".

Cruzamos el río Nora, ya con mejor humor, ascendemos y, a nuestra diestra, en la lejanía las primeras casas de Oviedo ya se ven. Me gustaría pasar por la catedral, ver cómo va el hogar, mi familia, pero quiero despreocupar a Sopdu, otra vez será. El río Nalón ya lo vemos por su cauce correr. A la altura de Tudela Veguín nos unimos a su corriente, a su pasar y volvemos a retomar lo dejado, a dejarnos acompañar por las limpias y frescas aguas del Nalón.

## XII

## OTRA VEZ, EL RÍO NALÓN

Estamos en el pueblo más grande de la parroquia de Box, Tudela Veguín. Una colina explotada por una fábrica de cementos, descompone, altera y ensucia el paisaje. Pueblo natal de Tino Casal, músico, compositor, productor, pintor, escultor que falleció a los 41 años en Madrid a causa de un accidente de tráfico en la M-500, al estrellarse el coche donde viajaba contra una farola a gran velocidad, a 400 metros del Puente de los Franceses, siendo un inolvidable del panorama musical que dejó entre otras, joyas musicales como "Champú de Huevo", "Embrujada" o "Eloise".

Sopdu en pleno vuelo me da un tirón y me dice: deja de soñar Kan-Kan. Así es, ensimismado voy. El río Nalón rodea la ciudad de Oviedo por el sur, como acomplejado por los títulos de la capital de "muy noble, muy leal, benemérita, invicta, heroica y buena" que figura en su escudo municipal. Pasamos entre álamos, alisos y chopos, los pueblos van quedando atrás, Quintaniella, Santa Eulalia. Una curva en el Nalón nos asoma a la aldea de Manzaneda. Sus habitantes, llamados los calamones, son grandes aficionados al ciclismo, la subida a la Manzaneda en distintas vueltas ciclistas a España ha dejado aquí una exquisita afición. Unos kilómetros más allá hacia el sur con sus curvas y pendientes L´Angliru.

Pero sigamos nuestro vuelo por el Nalón. En poco tiempo nos encontramos en Soto de Ribera, capital del concejo de Ribera de Arriba, con su gran Central Térmica, sus calles huelen a carbón y revolución. En Fuso de la Reina, la antigua estación de ferrocarril, da inicio a una vía verde, una senda peatonal, que une esta aldea con la capital Oviedo. Por el margen derecho del Nalón aparece Las Caldas, con su balneario, (diseño de Ventura Rodríguez) y campo de golf. En una colina dos altivas torres con su hiedra y el musguito en la piedra, nos enseñan su importante fortaleza, el monumental Castillo de Priorio, con un río a su alrededor el Gafo. Lo sobrevolamos y no paramos de girar. Nuestra vista de halcón en una roca divisa una mancha negra y ancestral, es la sangre del amo del castillo, un tal Rodrigo. La dramática leyenda cuenta que hace cientos de años cayó ahí, víctima de un paje que siendo acosado por él, de él se defendió. El paje, de nombre Pablo, se enamoró de la hija del señor de Priorio, el cual no viendo con buenos ojos esta relación a él se enfrentó. La bella Irene, hija de Rodrigo, aun a pesar de su escondido amor, enterada de la muerte de su padre a manos de su amante, le maldice para siempre. Pablo no aguanta el desamor y desesperado, se arroja al río donde muere por ese amor.

Siguiendo con nuestro volar, un camino, una senda, y la localidad de Trubia aparece por nuestra izquierda. El río Trubía cruza su homónima localidad desaguando en el Nalón. La proximidad de estos ríos más la riqueza de yacimientos de hierro y abundancia de bosques, darían la materia prima, hierro, madera y carbón de coque suficientes para que en este lugar se instalase una de las fábricas de armas más importantes que ha contado España y Europa, la Fábrica de Armas de Trubia (1794). La parroquia de Trubia, antaño la puerta de la industria, hoy es la puerta de acceso al Valle del Oso. Su Fábrica de Armas la engrandeció y enriqueció tanto que, durante décadas, estuvo a la cabeza de la industria de Asturias y Europa.

La tarde empieza a caer, sol y luna ya se ven. Al margen derecho del Nalón llega el río Nora después de rodear la capital del Principado de Asturias por el norte. San Pedro de Nora nos parece un paraje encantador para descansar de este día tan intenso para los dos. Su iglesia prerrománica asturiana (s IX) desde las alturas nos atrae por su sencillez y humilde proporción. Giramos en derredor, un precioso campanile indica a los cielos su posición. Descendemos en uno de los tejados de la nave lateral sur. Antes de que anochezca queremos escudriñar, conocer, saber. Conseguimos, a través de una ventana cerrada con celosía, pasar a su interior. Las naves laterales están en penumbra, la central tiene un poco más de luz. Sopdu lanza un sonido que me hace estremecer, un hombre sentado con su mano derecha alzada parece que nos ha visto. ¡No, no puede ser! Permanecemos a oscuras y en silencio, pasa el tiempo, nosotros sin pestañear, el hombre también. Rápidamente los ojos se van acomodando a la falta de luz y entonces caemos en la cuenta que es una imagen sedente, la de San Pedro que, en madera policromada y sin apenas luz, parecía el párroco de allí.

Seguimos mirando por aquí y por allá. En la nave central y en la pared que da al ábside un Cristo de madera con su pena y dolor, unos bancos, unas lámparas de hierro con velas y el altar. Por donde entramos volvemos a salir, el sol ya se ha puesto, estiramos nuestras alas y damos dos vueltas alrededor. Una gran ventana en su fachada orientada al este con tres arcos de medio punto nos invita allí a  pernoctar. Nos posamos y nos protegemos  a dos velas, bajo sus dovelas, la luna empieza a brillar cada vez más. A nuestra espalda la cámara secreta o cámara supraabsidial. El sueño nos empieza a vencer. La iglesia me ha impresionado tanto que con ella comienzo a soñar, construida en la época de Alfonso II el Casto, al igual que la Santa Basílica de San Salvador de Oviedo, donde nací. En mis sueños…veo a Alfonso II, con sus barbas y corona, bebiendo junto a Carlomagno en copas labradas, pactando romper con la iglesia toledana y convertir a Oviedo en la única sede hispana reconocida por Roma. Veo al rey recorrer Asturias para ser el primero, junto con su familia y corte real, en acudir al hallazgo del cuerpo de Santiago Apóstol, allá por la primitiva diócesis de Iria Flavia. Le veo dando la orden de levantar sobre el túmulo recién descubierto en Arcis Marmoricis, una iglesia. Le veo granjearse aún más la amistad con Carlomagno comunicándole tan gran hallazgo para la humanidad. Me veo con caperuza en su guante o lúa en plena oscuridad, me veo y no me veo,…cuando siento un picotazo dado por Sopdu que me hace despertar. Empieza a amanecer.

Lo que hace el cansancio, la noche ha pasado en un plis plas, la luna sigue por ahí. Sopdu, aunque se ha despertado antes que yo, ha dormido bastante bien, no me extraña pues el paraje es ideal, rodeado de montañas, cuatro casas y praus alrededor. Cuando me quiero dar cuenta Sopdu en sus garras un lagarto tiene atrapado ¡qué vista! ¡qué agilidad! En un frondoso y verde abeto nos damos el festín.

Retomamos la corriente del río Nalón. Atrás queda el concejo de las Regueras y aparece el pueblo de Vega de Anzo. Un puente cruza el río Nalón y una corriente de aire fresca sopla de repente, es un aire húmedo y extraño. Seguimos a contracorriente su olor. Proviene de una cueva. Muy cerca del río una oquedad respira su humedad. El acceso es complicado al estar tapado con rejas. Le propongo a Sopdu una aventura más. Nuestros cuerpos diminutos pueden pasar. La oscuridad según avanzamos cada vez es mayor, pero nuestra vista se termina adaptando y el esfuerzo termina premiándonos al dar con una gran sala, y  ahí, cascadas, estalactitas y estalagmitas alrededor, un gran espectáculo único para dos cuerpos menudos y osados como los de Sopdu y Kan. La humedad se me mete en los huesos, la temperatura es más baja de lo normal, mi ala izquierda se resiente y me recuerda con nostalgia y dolor mi primer vuelo y el asfalto duro y frío de la plaza de Alfonso II, a los pies de mi hogar, por lo cual nos volvemos por donde entramos y salimos al exterior.

Me encanta el valor de Sopdu, es una gran virtud. Con ella y la prudencia se podría recorrer el mundo sin dudar. Ya en el exterior alzamos el vuelo, dejamos este pueblo ejemplar y en la lejanía ya se ven las primeras casas de la capital del concejo de Grado, la villa de Grado. El río Cubia cruza la ciudad de sur a norte para terminar tributando sus aguas al río Nalón. Sus habitantes, conocidos como moscones, asumen con orgullo este gentilicio, (una emboscada contra las tropas francesas en el angosto Paso de

Peñaflor, hizo que los milicianos de Grado disparasen sus balas desde ambas partes, silbando las mismas como "moscones" )y de ahí moscón).

No sé que tendrá el río Cubia o el Nalón, pero sus aguas dan moscones ilustres como Pepín Fernández (El Rellan-Grado) fundador de Galerías Preciados, Ramón Areces, (La Mata-Grado) fundador de El Corte Inglés, o Isidoro Álvarez, (Borondes-Grado), presidente de El Corte Inglés, será, será que ya es primavera en Grau.

Sobrevolamos Grado y a disfrutar de la ciudad. Nuestra vista recae en un edificio de planta rectangular y mármoles rojizos, es la capilla de Nuestra Señora de los Dolores, mandada construir por el marqués de Valdecarzana y, a su lado el palacio urbano del marqués de Miranda-Valdecarzana, los dos Monumentos Histórico Artístico. Más allá un edificio pintado de ocre y granate, con su torre y reloj, es el Ayuntamientu de Grau. En su balcón principal, tres banderas hay, la del Principado de Asturias, España y Grado. Un restaurante anuncia en letras grandes su especialidad, se lo indico a Sopdu, Queso Afuega´l Pitu (ahoga al pollo), nos echamos a reír, a veces hasta buen gusto tiene la humanidad. Otra iglesia se divisa, la de San Pedro; sobresalen sus dos torres campanario con sus chapiteles o agujas de escamas de zinc, su fachada principal (imafronte), con el emblema de San Pedro, y óculo superior. Con un golpe de vista descubrimos un precioso jardín en una casa de indianos, es el Capitolio o Palacete Velázquez sin faltar la sencilla palmera que nos anuncia la suntuosidad y riqueza que de un dátil surgió. Cada dátil de esa palmera representa los esfuerzos, el trabajo, los anhelos y el fruto que los indianos en tierras lejanas y extrañas lograron cosechar, una vez en su villa natal empezaron a vivir y disfrutar, pero ahora con total lujo y comodidad. Casas, parques, plazas, tejas y el Nalón otra vez. Seguimos nuestro viaje, nuestra luna de miel, una pareja de mirlos rupícolas con las aguas no paran de jugar, al sentir nuestras sombras, no sabemos cómo pero magia hacen con sus cuerpos al desaparecer.

Sobrevolamos el concejo de Candamo. En Murias destaca la espadaña de la iglesia de Santa María donde se venera a la Virgen de Nuestra Señora de la Asunción. En unos campos agrícolas nos posamos y unas fresas caen, ¡uhmmm!, exquisitas de sabor, las enriquecen el río Nalón. Pronto aparece la capital del concejo Grullos, su iglesia de Santa María, el Ayuntamiento, el Palacio Cañedo, hórreos, paneras, casas indianas y todo un entorno rural. Unos aleteos y en la aldea de San Román, una finca con un hermoso palacio, el Palacio Valdés-Bazán, actualmente Centro de Interpretación del Arte Rupestre, Biblioteca, Sala de Exposiciones y unas cuantas cosas más. Sus arcadas, que presentan en dos plantas, son arquitectónicamente de un gran interés, lo sobrevolamos una y otra vez, son construcciones del hombre sin igual. Del palacio volamos a la Caverna de la Peña de Candamo, declarada Patrimonio de la Humanidad por la UNESCO en Canadá. En un monte de calizas se abre la Cueva de la Peña, a la vista la línea del río Nalón, en torno al cual en épocas prehistóricas se desarrolló la cultura del Paleolítico Superior. Ciervos, caballos, signos, toros, rebecos, cabras, bisontes, ovejas, escenas de caza, etc....nos revelan sus cultos, sus rituales, sus formas de vivir. Nos gustaría cruzar sus galerías, sus salas, ver y escudriñar pero la entrada está limitada a mayores de 7 años y no nos dejarían pasar.

El día está soleado y, volando a la par entramos en el bajo Nalón, pasamos por los pueblos de San Tirso, San Tisu, en asturiano, me recuerda Sopdu con cachondeu, después viene Santoseso, con ese Sopdu con ese, nos echamos a reír.

Las primeras casas de Pravia ya se ven. El río Narcea confluye con el Nalón cuando un salmón se asoma a la aldea de Forcinas para desaparecer a continuación. Por cierto Sopdu, por si no lo sabías, hermosos campanus dan estos ríos (El "campanu" es el nombre con el que se conoce en Asturias al primer salmón de la temporada porque hace años se anunciaba su pesca con el repique de campanas y su subasta es pura tradición). Descendemos a darnos un baño en las orillas del río Nalón, antes de entrar en Pravia. Un remanso nos ha dejado un espacio ideal. Nuestras alas es nuestro vivir y con mimo las tenemos que cuidar, más de dos días no aguantamos sin podernos mojar y asear. Metemos parte de nuestros cuerpos en las frías y claras aguas, lástima que no tengamos una pastilla de jabón Heno de Pravia para lustrar aún mas nuestras delicadas plumas. Al final nos acicalamos como siempre y nos secamos al sol. Mientras los rayos de sol ejercen su función, le cuento a Sopdu la historia del famoso jabón, "….en el año 1903, Salvador Echeandía Gal, fundador de Perfumería Gal, en un viaje por Asturias al pasar por la villa de Pravia, se quedó prendado del aroma que desprendía la ciudad. Su olfato le llevó a descubrir que era el heno recién cortado lo que producía ese aroma y, obsesionado con ese olor, creó un jabón con ese aroma de heno recién cortado, al que llamó Heno de Pravia en recuerdo a esta localidad. Es más, la pastilla de jabón la presentaba envuelta en papel amarillo, el color del heno seco, y en su interior el jabón de color verde, en recuerdo al heno verde". Sopdu que me ha escuchado con total atención, cierra el pico y lo vuelve a abrir para decir muy despacito y canturreando: " Heno de Praavia es el arooma de míí hogar".

Radiantes entramos en la ciudad, en la margen izquierda Pravia. Más allá a nuestra derecha la aldea de Peñaullan. Existe un cantar popular que dice: "Lo mejor del mundo, Europa; lo mejor de Europa, España; lo mejor de España, Asturias; lo mejor de Asturias, Pravia". A nuestros pies la estación de Pravia, las vías del FEVE se pierden paralelas al Nalón. El núcleo de la ciudad está declarado Bien de Interés Cultural. En este Conjunto Histórico destacan la zona de la Colegiata con el propio edificio, el Palacio de Moutas y las siete casas de canónigos. En el barrio de las Fuentes, el Asilo de Ancianos y adosado a él, la capilla de la Virgen del Valle, la zona del Ayuntamiento con su edificio del siglo XVIII costeado con los beneficios de la pesca del salmón, la Casa del Busto reconvertida en hotel y la casa de los Valdés. Sobrevolando la plaza de Moutas, la pose de un rey llama nuestra atención, sobre un pedestal el rey Silo, rey astur que trasladó la capital de Cangas de Onís a Pravia, siendo capital de la monarquía asturiana del 774 al 783.

Tomamos altura y observamos los edificios con sus colores, salmón, azul, verde, ocre, gris. Una chimenea destaca entre el río Aranguín y el Nalón, es una antigua fábrica "La Azucarera". Y entre dulzores y colores dejamos la ciudad.

En una curva del Nalón la aldea de Bances parroquia rural. Una senda por la ribera izquierda sigue hasta el lugar de Santianes, también junto con Los Cabos  parroquia rural y ahí divisamos la iglesia prerrománica de Santianes, el monumento prerrománico más antiguo de Asturias,  construida por el Rey Silo entre los años 774 y 783, como así lo atestigua una losa caliza, "la lápida laberíntica" del rey Silo, en la piedra hay talladas 285 letras, en 19 columnas y 15 filas, leyéndose la frase "SILO PRINCEPS FECIT" (lo hizo el príncipe Silo). La frase se puede llegar a leer 45.760 veces, partiendo de la S que está en su punto central, combinando las letras de filas y columnas. Actualmente una copia se encuentra situada sobre el dintel de la puerta de entrada, en el mismo lugar donde  se encontraba el original. Un fragmento del original a escasos metros se puede contemplar en el Museo prerrománico de Santianes. Solo con elevarnos algo más ya se ve en la margen derecha del río Nalón  Soto del Barco, Sotu 'l Barcu en asturianu, me corrige graciosamente Sopdu, y más allá la inmensidad del mar. Cruzamos henchidos de felicidad la Autovía del Cantábrico siempre siguiendo la corriente del río Nalón. Un meandro a la izquierda otro a la derecha, decidimos sobrevolar la ciudad, en el barrio de la Magdalena un edificio renacentista, es el Palacio de la Magdalena con su pequeña capilla adosada en un lateral dedicada a María Magdalena, actualmente hotel-spa. Dos mesas de piedra a los pies de centenarios carbayos lloran su soledad. De la capilla nuestra vista salta al campanario de la iglesia parroquial de San Pedro, un reloj en su torre mide el tiempo despreciando al sol.

Dos vueltas más y ya hemos visto la ciudad. Casi en su desembocadura en su margen derecho y acariciando las orillas del Nalón el Castillo de  San Martín, sus murallas, su torre, todo armonía y conjunción. Una leyenda sobre un cartel al pie de la entrada del Castillo dice:

**"En este punto el Camino de Santiago bajará hacia los embarcaderos para salvar el Nalón. La travesía  en barca del Nalón, cuando ésta era posible, representaba siempre un viaje lento y peligroso para hombres y caballos, que llenaría de pavor los impresionables corazones de los peregrinos. Una dificultad añadida sería la picaresca y abuso en torno al precio de los pasajes a pagar por las personas  y sus cabalgaduras contra las males artes de los barqueros a lo largo del camino, ya ponía en guardia a mediados del siglo XII, Aymeric Picaud  en su GUIA DEL PEREGRINO MEDIEVAL  "Los barqueros (...) por cada persona que pasan, sea rico o pobre, cobran de tarifa una moneda y cuatro, que reclaman violenta y abusivamente, por la caballería. Además tienen una barca pequeña, construida de un tronco de árbol, en la que apenas caben los caballos, una vez montados hay que andar con cuidado para no caerse al agua  (...) Además muchas veces los barqueros suben tal masa de peregrinos tras cobrarles el billete, que la nave vuelca, y los peregrinos se ahogan en las aguas de lo que se alegran macabramente  porque así se apoderan de los despojos de los náufragos..."**

Cabe suponer, por tanto  que escenas similares a las descritas por Aymeric  se hayan producido  a lo largo de los siglos, en el Nalón.

Siguiendo la ría en su orilla izquierda San Esteban de Pravia, en su opuesta, San Juan de la Arena. Nuestra vista divisa a 4 kilómetros a unos niños en un mirador. Sopdu y yo no solo hemos llegado a captar presas con nuestra vista a más de 10 km de distancia, sino que después las hemos llegado a atrapar. Barquitos de vela a nuestros pies y la desembocadura del río Nalón vertiendo sus dulces aguas a la mar- Giramos en torno a San Juan de la Arena, Capital de la Angula, por ser donde más angula de España se pesca, (una vez al año celebra su Festival

Gastronómico, en honor a la angula). Una mansión palaciega en la plaza de Calvo Sotelo, la iglesia parroquial de San Juan, y el río y el mar, el mar, el mar. Atrás han quedado 129 km desde el nacimiento del río Nalón, un lujo para la Asturias Central que para nosotros será siempre la vena aorta de nuestro corazón.

## XIII

## EL ENCUENTRO

Profundizamos en el mar, a nuestra diestra la playa de los Quebrantos de arena gris, en contraste con las olas que flotan sobre un mar azul. Sopdu y yo volamos a la par, nuestras alas se rozan, nos cruzamos, subimos, bajamos, jugamos con la orilla del mar. Unas escaleras llevan a un mirador, ahí están aún los niños que divisamos desde la Fortaleza de San Martín, oteando el horizonte con sus almas empequeñecidas por la inmensidad. Un ruido ensordecedor nos hace temblar. Por encima de los niños aparece un avión comercial. Nos ha pillado de sorpresa y en plena emoción, y eso que desde las alturas ya habíamos divisado el Aeropuerto más Septentrional de España, el Aeropuerto de Ranón o Aeropuerto de Asturias.

La playa se continúa con el Playón de Bayas, la punta del Escollo y una pequeña y preciosa isla, la llamada Isla de la Deva, todo ello declarado monumento natural, no nos extraña. Sopdu quiere posarse en la isla, contemplar la costa, disfrutar de este paraje natural, y así lo haremos. La isla es refugio y  lugar de nidificación utilizado por una gran variedad y multitud de aves marinas. Vemos a las graciosas gaviotas patiamarillas, y algún que otro cormorán. Nos disponemos a bajar, cuando nuestra vista alcanza a ver a una pareja de halcones girando en un extremo de la isla. Parece ser que ellos también nos han visto. El enfrentamiento puede ser fatal ya que, al igual que nosotros, son halcones peregrinos, territoriales y defensores de su hogar. Cuando decidimos marchar observo cómo uno de ellos a distancia clava su vista en mi, bizquea, su espalda es de un color gris pizarra, me parece que se va a lanzar sobre Sopdu, mi corazón late a más de cien, cuando algo me suena familiar y me doy cuenta que es Pelayo, el arlequín de mi hermano. Le vuelvo a mirar, hago como que vuelo mal, como que estoy herido. Se da cuenta y cae entonces en que soy su hermano Kan y se me pone a la par. Con gran alegría ascendemos y bajamos en caída libre hacia el mar para, a p

ocos metros remontar mientras Sopdu y la compañera de mi hermano trazan círculos alrededor. Pelayo nos invita a su rincón junto a su compañera Vela y, desde ese lugar contemplamos, una espléndida costa desde cabo Vidio a cabo Peñas, acantilados, puertos, pueblos pegados al mar, salientes, entrantes y las olas batiéndose y rompiendo con el litoral. ¡Mirar!

Exclama Vela, la compañera de mi hermano, hacia el Este, la ría de Avilés, Cabo Negro, Cabo Peñas, al Oeste, la ría de Pravia, Cudillero, el Cabo con su playa de la Concha de Artedo, Punta Malperro, Cabo Vidio, en fin todo un balcón natural. Pelayo me explica cómo terminó recalando por ahí, arrastrado al igual que yo por el amor, siguiendo a Vela, natural de esta isla mágica, como el origen toponímico celta de Deva, diosa vinculada a los ríos, a las aguas, a las corrientes de agua en general, Vela la atrapó en su corriente y hoy me dice que apenas se puede de ella separar. ¡¡Ah!!, el amor…

El tiempo pasa y tenemos que partir. Vela nos enseña dos playitas que hay frente a la isla, La Barca y Malabaxada, son sus playas particulares cuando hay bajamar. Sopdu ha encontrado en Vela un confidente, y una gran amistad, pero repito tenemos que partir y con unas caídas al vacío los cuatro a la vez y unos rizos por aquí y por allá, terminamos despidiéndonos de ellos, con los corazones henchidos de alegría y libertad.

La decisión es seguir hacia el Oeste, costeando, gozando del litoral, playa l´Atalaya a los pies de San Esteban de Pravia, playa de las Llanas, playita de Xilo, y la preciosa playa del Aguilar. Junto a un aparcamiento de vehículos, un cartel indica la dirección  a la playa de Xilo o Veneiro (así llamada por la presencia de una veta o mina de cobre). Una senda pina lleva al hombre al mirador de Xilo, a unos metros más de altitud.

Nos apartamos de la costa de Muros de Nalón, tan apreciada por pintores como Plasencia o Sorolla. Su iglesia de San Esteban repicando está, parece ser un funeral, junto a ella la Casa Consistorial. Cruzando la autovía del Cantábrico y sobre una ladera subiendo hacia el interior Somao, con uno de los grupos más impresionantes de casas indianas, miradores acristalados, cúpulas y  palmeras, recordándonos las fortunas amansadas en ultramar. Hacia los Cabos, un mirador de 360 º, el Mirador de Monte Agudo. Ascendemos y ascendemos. La carretera atraviesa Somao, sube y zigzaguea pasando por pueblos rurales y ganaderos como Villamexan, Villafría, Villavaler, Loro (un pueblecito encantador), Folgueras y Vegafriosa para cambiar de sentido y acompañar desde ahí por el valle al río Aranguín a su encuentro con el río Nalón.

Pero dejemos el interior y sigamos por el litoral, Cudillero escondido en un rincón. Su faro, su puerto, sus calles y la simpatía de sus habitantes, los pixuetos, hacen algo especial a este lugar. La capilla del Humilladero (s. XIII) nos recuerda al reo que antes de ser ajusticiado se humillaba o pedía perdón por sus pecados. Un poquito más allá, una vez más, otra iglesia de San Pedro (1569) y sus casas en cascada mirando al mar. Próximo a Cudillero un gran palacio, es el conjunto palaciego de Selgas, en el Pitu. En su interior lienzos de Tiziano y Goya enriquecen sus paredes, aparte de muebles, tapices, libros… Más allá un jefe de estación toca el pitu y da salida a unos vagones cargados de ilusión.

Seguimos volando a la par. A nuestra izquierda dejamos la grandiosa y preciosa bahía de Concha de Artedo para sobrevolar por la Punta Austera hacia Cabo Vidio, playa Oleiros, playa de San Pedro con la desembocadura del río Esqueiro, unos niños jugando en un remanso que forma el río, arenas doradas, calas, y el faro de Cabo Vidio con sus paredes pronunciadas y unos hombres flanqueando sin flaquear  el límite del faro jugando a ser gaviotas sin vuelo y contemplando la mar. Hacia el Oeste las calas de Peña Dorada, La Cueva, Vallina, playa del Silencio, espectacular, y en el interior Oviñana (tierra de ovejas), Soto de Luiña y rico pan. Sopdu me señala con su garra índice el FEVE corriendo paralelo a la costa, lo sigo con la vista y en pleno vuelo me hipnotiza con su pasar, con su avance constante y lineal, con su velocidad, de tal manera que tortícolis estamos a punto de pillar por volar sin dejarlo de mirar.

El pueblecito de Ballota a nuestros pies. Un sendero de cemento en subida llega al monte de San Roque donde una ermita solitaria con un hórreo en su proximidad compite con ella en sencillez. Damos vueltas alrededor, el día brillante nos hace contemplar todo el litoral desde Cabo Peñas a Estaca de Bares, hacia el interior el valle del río Esqueiro y la Sierra de los Vientos. Ampliando nuestro circulo, sobrevolamos la braña de Resielles para cerrar el círculo y retomar el perfil del mar. Entre grandes acantilados las calas nos reciben, la del Calabón y Gueirúa, las Cabrilleras, Ruicabo, algún que otro islote asomando entre ellas y, entre tanta libertad, otra vez el hombre. Playa de Cadavedo, completa y en bajamar, (los hombres son como las gaviotas, una se posa y allí van las demás), pero en este caso llena de niños, toallas, mujeres en bikini, hombres en bañador, tripas y tripitas al sol y, ondeando, una bandera azul. Sopdu se ríe conmigo al contarme e imaginarse a los dos tumbados con nuestras patitas al sol.

Pero dejemos de soñar y sigamos nuestro vuelo ya que el ocaso está al llegar. En la lejanía un cabo intenta llegar un poco más, es el cabo Busto. Sopdu me indica a su siniestra una torre que parece buen lugar para descansar, la torre de Villademoros que, erigida en época romana y utilizada como puesto dc vigilancia por los monarcas asturianos,  hoy nos valdrá para dar reposo a nuestros cuerpos azotados por el viento y el volar.

La torre no está aislada, está acompañada por una panera y lo que parece ser un hotel o casa rural. Conseguimos encontrar un hueco entre sus piedras, será nuestra suite-nupcial. El día ha sido intenso y con los recuerdos y la noche abrazándose al lugar, dos cuerpos unidos caen rendidos sin apenas suspirar.

# XIV

## LA BARCA DE SANTA ISABEL

La noche ha pasado rápida y tranquila. La luna sigue ahí sin querer abandonar su lugar y el sol asomándose, en el horizonte, hace guiños a la tierra y al mar. Una sombra en el prau, un topillo despistado y Sopdu que se lanza con sigilo y en silencio a por el manjar. Observo su habilidad, su destreza al caer, y en sus garras algo más. Buen amanecer Sopdu, buen amanecer Kan.

La luz nos invita a volar, desentumecemos nuestras fibras musculares, estiramos nuestras alas y ahí se queda ese magnífico lugar. Subimos y subimos y observamos las vegas, las aldeas, los pueblos, ríos y valles buscando el mar y al norte esa inmensidad. Hacia ella nos dirigimos y costearemos por costear, volaremos por volar. El Oeste como referencia, a un lado la tierra y al otro el mar, playa del Molino, Punta de la Osa, Querúas y casitas de indianos. Giramos en torno al Cabo Busto. En su lado occidental la playa de Cueva nos recibe entre cantos, piedras y arena, bañada también por el río Canero. Le remontamos, sobrevolamos la autovía, la línea del FEVE Gijón-Ferrol, y a nuestro vuelo salen los pueblos de Ranón, Fixuecas, Bahinas, Trevías y Brieves con sus arcos enlazando casas y hórreos. A dos aleteos las Hoces del Esva y un desfiladero fantástico monumento natural, el Paisaje Protegido de la Cuenca del Esva nos sorprende. Aun así decidimos volver al litoral, más pueblos y aldeas, Barcia, Caroyas, los tejados empiezan a cambiar, el color de la teja desaparece, el gris pizarra comienza a dominar, y a nuestro alcance una preciosa villa marinera destacando besa el mar.

Luarca es la capital del Concejo de Valdés. Vemos sobre un colosal promontorio, la Atalaya, el Faro, la Ermita de la Virgen

Blanca y, en su Cementerio marino, una leyenda en una sencilla lápida "Familia Ochoa". A sus pies casas blancas y su puerto con barquitos que parecen de papel. En el Aula del Mar, una colección de calamares gigantes, los más grandes del mundo, dice la publicidad. Sopdu me señala los meandros que hace el río Negro antes de desembocar. Un tren flotando pasa por encima de la ciudad, un puente, el Puente del Beso, el Ayuntamiento, el Palacio del Marqués de Ferrera, y un rostro y un nombre por doquier, Severo Ochoa, en carteles, en placas, " aquí nació, aquí vivió". Premio Nobel, hijo predilecto y natal.

Sopdu y yo no paramos de girar, de hacer ochos, de admirar esta villa tan singular pero, una vez más, queremos aprovechar el día y, hechizados, abandonamos la ciudad. Nos fijamos en un autocar que también deja la ciudad, una palabra rotulada en un lateral, ALSA (Automóviles Luarca S.A.), tantas veces vista, nos recuerda dónde nació esta empresa ejemplar.

La mar está revuelta, es pleamar y las olas no dejan de martillear con estruendo los acantilados que sobrevolamos a nuestros pies. La espuma producida al caer se revuelve en torno a sí, gira y vuelve a golpear. En un recodo totalmente blanco por la espuma del mar, un remolino arrastra un punto de color. Nuestra vista, nuestro mejor sentido, ve sobre un bidón de plástico la palabra Repsol; debe ser un dios, gira y gira sin parar, se introduce en su punto central y desaparece, para emerger con fuerza y dirigir esa danza ritual. Desde que nos conocemos Sopdu y yo, no hemos dejado de ver en distintos puntos la consabida palabra Repsol, en caminos, en calveros, junto a carreteras, en camiones-cisternas, en cargueros. Siempre que podemos huimos de ella, nos da miedo y auténtico pavor. Dónde más suele estar aparece aislada, los árboles ausentes en su alrededor, en espacios asfaltados, fríos y con un fuerte y característico olor, en aleros o subida a una torre como águila o buitre, la palabra, algo querrá decir, adorada por el hombre, algo valioso le dará.

Ahí dejamos a la palabra bailando en espiral cuando, de repente a nuestros oídos llega un graznido repetitivo un ¡ark-ark-ark! De una oquedad en el abrupto acantilado una pareja de cormoranes moñudos acaban de saltar a la mar. Manteniéndonos a distancia observamos su forma de cazar, ¡ark-ark-ark!, uno de ellos se lanza en picado hacia las profundidades del mar, se sumerge, bucea, la claridad del agua nos permite ver que alcanza una buena profundidad, para salir triunfante con un pez en su pico, mientras su pareja le sigue gritando ¡ark-ark-ark!

Siguiendo con nuestro vuelo, atrás quedan los pueblos de San Martín y Canedo. A nuestra izquierda descubrimos la Reserva Natural Parcial de Barayo, el río Barayo zigzaguea antes de dejar su nombre en la playa, la arena de grano fino espejea con el agua y la incidencia de los rayos del astro sol. Un sistema dunar poblado de pinos protege las marismas y al propio estuario de la erosión del mar. El lugar nos parece fantástico y sin dudar nos dirigimos a un imponente pino para disfrutar con toda tranquilidad aún más de este entorno natural. Los juncos y carrizos, junto a sauces y alisos, acompañan el discurrir del río Barayo. En la distancia vemos cómo una nutria con unas hojas no para de jugar.

Pasa el tiempo, Sopdu se encuentra tan a gusto que se pone a cantar … **"Al pasar la barca, me dijo el barquero, las aves bonitas no pagan dinero, yo no soy bonita, ni lo quiero ser, arriba la barca de Santa Isabel"** . Le debe estar afectando el lugar, pues me lo vuelve a repetir, **"Al pasar la barca, me dijo el barquero, las aves bonitas, no pagan dinero, yo no soy bonita, ni lo quiero ser, arriba la barca de Santa Isabel"** Se ríe, me río, nos reímos, aletea, me mete una pluma remera en un ojo, ahora me pongo a llorar. Giro la cabeza, la miro de lado, con un solo ojo, y ella se sigue riendo. No puedo evitarlo y rio y lloro a la vez, la rama cede un poco y  a punto estamos de caer. Nos elevamos, retomamos el vuelo, seguimos con la vista los juegos de la nutria que remonta el cauce, dos vueltas más, en distancia un pueblecito interior Vigo. Cuando nos queremos dar cuenta la Punta Romanellas se ha quedado atrás y a nuestros pies otro pueblo ejemplar, Puerto de Vega, en donde

Melchor Gaspar de Jovellanos, tras un exilio forzado, culminó el fin de sus días. Murallas, cañones y más barquitos de papel, la lonja con sus colores blanco y azul, en un alto su iglesia con sus dos torres y espadaña central, la casa de Jovellanos, alguna que otra casa de indianos y el mar, una ermita sobre la Atalaya, un mirador, y la pequeña isla de Vega pavoneándose al pasar. Planeamos por la rasa costera hasta Frejulfe, una senda costera (GR.E-9) que, desde que costeamos Asturias no ha dejado de acompañarnos y perfilar el límite entre tierra y mar.

Nos recibe, la playa de Frejulfe, protegida y monumento natural, con el estuario del rio Frejulfe en su lado oriental. Hacia el interior los campos dunares. A Sopdu las dunas siempre le han llamado poderosamente la atención, serán los recuerdos de sus ancestros Egipcios. Revoloteamos por ellos, acariciamos sus lomas, subimos y volvemos a bajar, terminando después de muchas vueltas saliendo al mar. La costa dibuja su perfil, agua y tierra se rozan, se empujan, se hablan, se enfadan y, escondiéndose y adentrándose por una desembocadura, el agua dulce del río Navia contribuye a dulcificar esta agresión natural.

¡Ah, Navia, Navia, Navia! La capital del concejo está bulliciosa. Un bable astur galaico llega a nuestros oídos, los naviegos deben estar de fiesta. La entrada la realizamos por la ría observando su playa. Detrás de nuestro vuelo un barco pesquero perseguido por decenas de gaviotas sigue nuestra dirección.

El Ayuntamiento en su plaza, una vez más pintado de azul  y blanco, se confunde con las nubes y el cielo que asoman por detrás. En su torre central un sencillo y gran reloj nos cuenta el tiempo, el minuto, la hora que es, rozamos la torre, giramos en torno a ella, dos leones rampantes  en la fachada protegen un escudo barroco. Anexa al Ayuntamiento, la casa del Limonar, a su vera la casa natal del gran poeta Campoamor, un poco más allá la casa de la Marquesa Navia-Osorio (s.XVII), frente a la iglesia, la casa de los Marqueses de Santa Cruz, un arco, una muralla medieval y más casas y casitas de color.

Remontamos el río Navia. A unos kilómetros y a nuestra diestra nos sorprenden unas construcciones circulares de piedra. Estamos en Coaña. Planeamos sobre lo que es un castro celta (s. I d.C.) La tierra parece un gran queso gruyére pero, en este caso, con huecos y espacios armoniosamente situados. Aún se ven parte de lo que fueron canales y calzadas empedradas. Su estructura es una réplica actual de muchos pueblos y aldeas asturianas que vemos al pasar. El río Navia serpentea, a sus orillas se asoman Vilacondide, Trelles, Villayón, el embalse de Arbón es un espejo que se extiende hasta el Boal, el concejo es una muestra arqueológica, la cueva de Demo con pinturas del neolítico, conjuntos dolménicos, Campo das Arcas y Chao das Chagúas, castros, de la Escrita, Pendia, Os Mazos y Ouria, en fin todo un pasado que no volverá.

En una ladera y en medio de un brezal descubrimos un cortín y giramos en torno a él. En su interior una veintena de panales de miel. La construcción circular nos recuerda a la construcción medieval, las murallas protegiendo su interior, al pueblo a la ciudad. En este caso unos muros de piedra y lascas, sin argamasa, protegen otra comunidad, la de abejas dentro de su panal. Su gran enemigo, el oso, sin esta protección daría cuenta en poco tiempo de ese manjar que para él es la miel. La muralla circular sobresale en su parte superior hacia el exterior, a manera de alero, lascas de grandes proporciones van abriendo una ligera curva, que el oso sería incapaz de salvar, la altura de la muralla de 2 a 2,5 m. lo impediría aún más. En el muro un purtalín de madera bien cerrado permite al hombre entrar y salir.

Damos media vuelta y volvemos a la mar, en poco tiempo, estamos en Mohías. Sobrevolando un monte, vemos más castros, el Monte del Castro y Punta da Figuera. Más allá un mirador natural, el Cabo de San Agustín, junto a Ortiguera, precioso pueblo de pescadores con alguna que otra casa indiana. Una mancha en el mar, será de aceite o petróleo, no sé, no sé, pero nos acordamos de la palabra Repsol. Las olas van y vienen, en una danza sin cesar, jugamos con el viento, con el sol, las sombras reflejan nuestros cuerpos en el mar. Sopdu vuela sobre mi y una sombra desaparece, ahora somos Sopdu-Kan, intentamos mantener esa única sombra, difícil juego, que nos entretiene y nos da que pensar, dos en uno, tal para cual, invertimos los planos, no, no es fácil pero, en poco tiempo, volvemos a la unidad, una nube destroza nuestro juego. Atrás van quedando, playa el Barco, Pormenande y la capital del concejo franquino A Caridad con su respetable iglesia de San Miguel, Punta de la Atalaya, playa de Porcia, de las Poleas.

Antes de sobrevolar Tapia de Casariego, nos desplazamos al interior del mar. Unas manchas saltando en el horizonte llaman nuestra atención. Sopdu que tiene mejor vista que yo, me da el queo. ¡Son delfines! Si pasan por Tapia de Casariego, serán tapiegos, le digo a Sopdu que se echa a reír. Mientras, seguimos sus saltos, su alta velocidad, para observarlos mejor bajamos de altura. Son enormes. El bullicio y la algarabía es total, a gritos le preguntamos que a donde van, ¡Escancia, escancia!, gritan una y otra vez. No entiendo nada ¿Sabrán de sidras? Resoplan agua por la nariz. ¡Escancia, escancia! Ya me suena a pitorreo, ¡Vaya banda! Como no me gusta el vacileo, le hago señas a Sopdu para volver, nos hemos alejado bastante de la costa. Sopdu me pregunta por el cambio de humor, yo por el significado de… ¡Escancia, escancia! Se echa a reír, vuela a saltos. Entre risas va soltando una palabra O-TO-RRI-NO-LA-RIN-GO-LO-GO, y sigue riendo, para muy seria gritar ¡Escocia, Escocia!, ¿será posible?, ahora caigo, van para Escocia, y nos reímos a la par.

El cabo Cebes y Tapia de Casariego ya está a nuestros pies. Tapia se inmiscuye en el mar, (otra vez  la mezcla, la tierra y el mar), puerto deportivo, puerto pesquero,  y  entorno al puerto la arquitectura tradicional. En su casco central casas y mansiones nobiliarias: casa-palacio Méndez-Cancio (s. XIV), caserón de los Regueros (s. XVII), Ayuntamiento, Instituto y Escuelas (s. XIX), Ermita de San Blas (s. XVI). Un pajarito me cuenta que su playa, la del Murallón, se convierte en ciertas noches de verano en un espectacular anfiteatro natural con el mar como telón de fondo, donde los amantes del folk dan rienda suelta a sus composiciones de libertad, FIDO (Festival Intercéltico d´Occidente). El ocaso está a punto de llegar. De la playa Anguileiro suben los humanos por doquier, se juntan con los que dejan la playa de La Urbanización, escaleras hacia el río Anguileiro, escaleras que suben a la ciudad, surfistas, bañistas, niños, niñas y un gran arenal. El sol agachándose y nosotros metiéndole mano al mar, playa La Paloma, un castro del mismo nombre o también llamado del Esteiro se enfrenta en la distancia con un campo de golf, un siglo frente a veinte, naturaleza, historia y tiempo, ante un césped cuidado por el hombre, ocio y pseudotiempo que no logramos comprender. Deja de filosofar Kan, me dice Sopdu, y vamos a descansar.

Pasamos el Campón, playa de Serantes y cuerpos desnudos al atardecer, para dormitar en la Punta Picón. Las vistas son maravillosas, el sol reflejando sus rayos en el mar, una línea brillante arrastrándose por la superficie del mar uniendo esta punta con el sol, escondiéndose, dando paso a las sombras, a la noche, y nosotros en silencio contemplando su ocaso, su morir, es hora de dormir. Nos acurrucamos en un rincón de un gran hueco, viendo morir sobre esta inmensa extensión el último rayo de sol, con él nosotros caemos también y empezamos a soñar.

XV

## DAZASEIS, DAZASETE, DAZAOITO

Abro mis ojos y observo a Sopdu que intenta atacarme con un pico repleto de dientes. Hago un esfuerzo, muevo mi cabeza y abro aún más los ojos… ¡No, no puede ser! y entonces es cuando me despierto y veo a Sopdu medio dormida, medio despierta. ¡Menos mal! Todo ha sido un sueño tal vez basado en los recuerdos de mis primeros meses, cuando mi padre, en el nido, nos contaba la evolución de las aves. Son recuerdos imborrables, sus narraciones, sus descripciones: "…Alonso, Pelayo, Kan debéis de saber que hace millones de años éramos reptiles. La adaptación, a través del tiempo, cambió nuestras costumbres, nuestros cuerpos. En el Jurásico el pico estaba provisto de fuertes y finos dientes, los miembros anteriores con tres dedos independientes terminados en una uña, la cola larga vertebrada, con plumas alineadas en dos filas a cada lado. No podíamos hacer grandes vuelos y saltábamos de árbol en árbol, sirviéndonos de las alas como paracaídas o planeadores. La evolución hizo el resto…", y recordando, recordando me venció el sueño. Sopdu se despierta y me mira con cara extrañada, yo la miro y la remiro, no, no tiene dientes, y con las primeras luces salpicando nuestro cobijo, le cuento y explico mi sueño.

El primer vuelo es de reconocimiento. La punta Picón penetra en el mar, un mirador con su cartel informativo da razón de tan espléndido lugar. Vemos la playa de Santa Gadea de arena fina y dorada que, protegiéndose con los islotes de las Pantorgas, se transforma casi en piscina natural. Una ermita en un altozano San Lorenzo nos indica hasta donde llegan los cristianos, más castros Campo de San Lorenzo, y otro Monumento Natural, la playa

104

Peñarronda, con su río Dola o Penarronda, su formación dunar y lagunar y en su parte central un islote que sobresale, A Pedra Castelo. Siguiendo hacia el occidente la Punta del Corno y, en pleno vuelo, Sopdu me dice ¡vete al cuerno, cari!, y en el cuerno estoy, volando, volando, pasamos unas cuantas puntas más, la del Maste, la del Pasín y la última con un pequeño faro, Punta de la Cruz, dando entrada a la Ría del Eo.

Tomamos altura para disfrutar un poquito más de este paisaje y sobrevolamos la desembocadura. La ría es uno de los espacios naturales  más bellos del Occidente Asturiano, declarada Zona de Especial Protección para las Aves junto con el humedal de gran importancia Internacional, nos encontramos como pez en el agua. El Puente de los Santos sujeta la autovía, jugamos con el puente y, con un ágil y sutil planeo, pasamos bajo su estructura rozando las aguas del río Eo cuando, de repente, siento un golpe en mi ala izquierda. Un objeto extraño a gran velocidad me ha alcanzado en plena articulación y empiezo a revolotear, intento no caer al agua, el esfuerzo es colosal, pero logro salvar la situación ¡menos mal! y termino posándome sobre la verga de un barco pesquero, en el coqueto puerto de Figueras. Sopdu que no ha parado de seguir mis evoluciones, se posa a mi vera, me mira el golpe y, estirándose y quitando importancia, me dice que es una pequeña herida inciiiiso-contuuusa sin más. Un hilo de sangre mancha mi plumaje, y la doctora saliéndome con que "...es una pequeña herida inciiiso-contusa", ¡ja, ja, ja!, pues a mí me duele, me pica, doctora Halconcín.

Después de un breve descanso, acudimos a la playa de Figueras y fuera de la vista de curiosos me doy un baño de agua, arena y sal, que me limpia y me deja como nuevo otra vez. Frente a la playa vemos tierras galaicas, Ribadeo con un ojo mira a Figueras y, con el otro a Castropol. Salimos de la playa y revoloteamos por el pueblo. Las caleyas con fachadas encaladas y balcones acristalados suben desde el río Eo al barrio de la Granda. Un recio palacio, el de los Condes de Trenor, con una torre central almenada despierta nuestra atención y giramos en torno a él. Más allá, inmerso en un bello jardín, un edificio de estilo Art Noveau, el palacete Peñalba o de García Bustelo, con sus tres torres circulares y terrazas-mirador. Dejamos este pueblo y cruzamos la Ensenada de Linera. A nuestros pies los restos de un molino, el Molín As Acias, molino que, aprovechando la marea, molía los granos de maíz. A nuestra alcance, el casco antiguo de la villa de Castropol, Conjunto Histórico-Artístico, con una panorámica espectacular, la Ensenada por un lado y por el otro el río Eo, Ribadeo en la otra orilla y en el horizonte el mar.

Decidimos una vez más remontar otro río más, el rio Eo es el límite natural entre las tierras galaicas y astures. Damos un giro abierto para contemplar mejor la ciudad y, sin darnos cuenta, entramos en Galicia, dos aleteos y ahora en Asturias. Bajamos de altura y, aunque me molesta la herida, me puedo manejar. En el parque de Castropol vemos una escultura enlazada en bronce y piedra, en la que de un barco sale una columna que contiene dos figuras: una mujer con bandera, detrás de un marino-militar. Por encima la leyenda A FERNANDO VILLAMIL y, sobre la columna, un globo terráqueo sobre el que está sentado un ángel que con su mano derecha sujeta un timón y en la izquierda alzada un barco de tres palos, la corbeta Nautilus. Volamos alrededor de la misma una y otra vez. La escultura cerrada por una verja de hierro contiene varias guindolas con ancla y una leyenda que dice "TERROR TERROR", (F. Villamil fue el diseñador del primer destructor de la historia bautizado con el nombre de Destructor), y ahí le dejamos junto a la Biblioteca y Centro Cultural. En nuestro vuelo vemos torres medievales, torres puntiagudas, la de la iglesia de Santiago, palacios y edificios singulares, palacio del Marqués de Santa Cruz, palacio de las Cuatro Torres, palacio Valledor, Villa Rosita y casitas de fachadas blancas con tejados de pizarra gris, propias del Este de la Asturias Occidental.

Remontando el río Eo llegamos a Vegadeo o A Veiga como la llama el natural. Al fondo, a nuestra izquierda, la comarca de los Oscos-Eo, Reserva de la Biosfera, las  montañas en esta zona occidental, son más suaves, mas redondeadas, más viejas, fruto del tiempo y la erosión, en contraste con la zona central y oriental. El río Suarón, humilde y celoso ante el Eo, se encariña de Vegadeo. Con nuestras alas rozamos la torre campanario de la iglesia de Nuestra señora de la Asunción, y vueltas y revueltas, casas blancas y arquitectura tradicional, un quiosco de música, Ayuntamiento y calle Mayor.

Tomando altura vemos cómo el río Suarón, al pasar por Piantón, divide a este pueblo en dos. Seguimos a contracorriente por el Eo, quizás el más salmonero de Asturias y Galicia. La carretera por nuestra derecha va por tierras gallegas. Planeamos por el río intentando encontrar el eje que separa Lugo del concejo de Vegadeo, unas veces por delante Sopdu otras Kan, tanto monta, monta tanto, Kan como Sopdu. El juego nos distrae tanto que, cuando queremos darnos cuenta, estamos ya en el concejo de San Tirso de Abres.

Las nubes que desde hace tiempo no dejamos de ver, nos han alcanzado y una liviana y fina lluvia, el orbayu, empieza a caer. Vemos las primeras casas de la capital, O Chao o El Llano. No deja de orbayar y decidimos las plumas no mojarnos más. Un túnel, que da paso a lo que fue en su día ruta de ferrocarril, nos invita a pasar. Sigilosamente entramos y en un rincón ponemos nuestras plumas a secar, ¡ah! Es el recuerdo de un ferrocarril que desde A Pontenova a Ribadeo transportaba el hierro extraído de la cuenca del Eo. Sopdu con el pico se acicala y seca sus plumas una y otra vez, bajo una de ellas la palabra Soras llama mi atención, su color melocotón me produce escozor, me restriego los ojos, cari, la digo, moderniiiiizate, y la enseño una pluma con las siglas CK en color azul, otra vez que se pone a reír, mientras el suelo del túnel comienza a encharcarse. El tiempo en la oscuridad pasa rápido. Deja de llover, salimos del túnel y volvemos a volar sobre el río Eo, entre trucha y salmón. Un reo se asusta y se esconde ante la caída de un fruto, sus ondas circulares producidas en el agua se extienden hasta llegar a la orilla y una tras otra desaparecer. El sol, entre nubes, quiere salir. La ruta del ferrocarril se cruza con la carretera nacional, y otro túnel que se esconde en roca viva, la ruta zigzaguea al compás del rio Eo, la carretera también, el paisaje es espectacular. Cuando no vemos reo, es un salmón, o una trucha o lamprea, la que se cimbrea buscando su ración. Y hablando de ración, me está entrando fame, alguna solución habrá que buscar. Al llegar al arroyo de O Cairo, que también actúa de división natural entre Galicia y Asturias, giramos noventa grados y el río Eo que viene de tierras gallegas ahí se queda no parando de llorar.

Nos elevamos cada vez más, las montañas se escarpan perfilándose contra un cielo azul. Los recuerdos me llevan a Bulnes, cuando observamos un movimiento en tierra y la palabra fame acude a nuestros cerebros y no deja de martillear. Es un joven y herido zorro que se intenta ocultar. Nuestra coordinación tiene que ser total, Sopdu en tierra le distrae y logra hacerle salir, un gruñido y Sopdu huye levantando el vuelo, la raposa contempla su vuelo, y unas garras por detrás le atrapan sin más. Sopdu vuelve y entre los dos damos rienda suelta al yantar, hoy nos hemos ganado con razón el calificativo de rapaz. Hacía tiempo que no nos dábamos un gran festín. Aunque nos hemos aprovechado y hartado no nos gustan los excesos, pues en caso de algún esfuerzo, el sobrepeso en vuelo nos resta agilidad, pero un día es un día. ¡Bon appétit Sopdu!

El concejo de Taramundi ya se encuentra bajo nuestras patitas. A distancia divisamos montañas quebradas, sierras y cordales, abedules, castaños, robles, discurriendo entre valles arroyos y ríos, que van a desembocar a nuestro querido y apasionado río Eo.

En el interior de un valle, su capital, Taramundi, y con su dedo señalando el cielo la torre campanario de la iglesia de San Martín, una vez más el contraste del color, el azul del cielo, la tierra verde y el gris. Giramos y giramos y, en una placita gris, la estatua de un gran profesor, en otra el Carbayo do Poyo, donde hace siglos se impartía la justicia real, más allá un edificio del siglo XVIII convertido en hotel-rural La Rectoral, pionero del turismo rural.

A nuestros oídos llega un susurro como un cantar, son unas voces en eonaviego (gallego-asturiano), es la fala del Occidente, "… dazaseis, dazasete, dazaoito, dazanove e vinte", no sabemos lo que están contando y seguimos volando. Vemos cómo se deslizan las aguas del río Cabreiro. En Mazonovo el Museo de los Molinos enseña al turista cómo se separaba la harina del salvado. Una pista de hormigón lleva al hombre al caserío de La Granda. El valle se va estrechando dando cobijo a una aliseda. Sobrevolamos el río Turia y giramos unos grados hacia el sur. El arroyo de Salgueira, a escasos metros del Turia, nos enseña una pequeña y cristalina cascada. En Esquios un artesano trabaja la forja en un Museo Etnográfico, doblegando al hierro, dándole forma, son las famosas navajas de Taramundi, cientos de navajas, con mangos de madera, de plata, de azabache, de asta, de hueso, con bloqueo, sin bloqueo. ¡Uy, uy, uy!, exclama Sopdu, miedo me dan las navallas. Volvemos a cruzar el Turia y nos encontramos con la aldea de Os Teixois, su conjunto Etnográfico está declarado Bien de Interés Cultural.

A nuestra vista aparecen un conjunto de ingenios hidráulicos: el molino, el mazo, la rueda de afilar, hasta una pequeña central eléctrica y su batán. El agua no deja de chapotear, de trabajar, cada ingenio produce su ruido, y entre tanto, tanto ruido, mucho, mucho ruido, una sabina albar nos saluda al pasar.

## XVI

## EL CIRQUE DU SOLEIL

La belleza del paisaje nos embriaga, son los Oscos, "paso oscuro entre rocas", y así es pues, antes de llegar a las poblaciones de los Oscos, vemos a nuestra siniestra una puerta natural, el puerto de la Garganta. La coordinación que hemos logrado con el tiempo en pleno vuelo entre los dos es cada vez mayor, nos rozamos con las alas, con las patas, volamos al derecho y al revés, caemos en picado y remontamos a la vez, si sopla el viento, dos velas conjuntadas parecen que danzan a su son, dominando el aire nos dejamos peinar, acariciar, abanicar, un mínimo esfuerzo y salen figuras difíciles de imaginar, en fin somos un autentico espectáculo, somos el Cirque du Soleil.

Seguimos el cauce del río, en la lejanía aparece Villanueva de Oscos, el monasterio de Santa María (s. XII), Monumento Histórico Artístico, se muestra orgulloso a nuestro pasar. Al norte su iglesia románica y al sur, articulado en torno a un patio, el humilde monasterio. A través del tiempo, benedictinos, cistercienses y la desamortización de Mendi. Distintas remodelaciones y ampliaciones  hicieron que llegase a nuestros días tal como hoy se ve, siendo actualmente Centro de Interpretación Arqueológica de los Oscos. En la villa, la arquitectura popular, en sus alrededores monumentos megalíticos y templos tumulares, recuerdan su historia.  Siguiendo por el río Agüeira llegamos a Santa Eulalia de Oscos, Santalla d´Ozcos, en eonaviego me sopla Sopdu al oído. Sobrevolamos la Iglesia de Santa Eulalia con su torre y espadaña, sus casas y casonas, alcanzamos más altura y se convierten en manchas de color, gris pizarra, blancos, verdes.

En Ferreirela de Baxo nos sorprende el Museo Casa Natal del Marqués de Sargadelos, arquetipo de de la casa rural, donde nacería el fundador de la cerámica de Sargadelos, D. Antonio Raimundo Ibáñez. Muy cerca Mazonovo y su Conjunto Etnográfico, mazo, forja, ferrería. Sopdu no deja de aguzar la vista, ¡navallas!, exclama, la comento que la navaja no sale de un solo golpe, es la constancia en el golpeo la que termina formando la hoja, y también la constancia en la piedra de afilar la que le da su filo, y de carrerilla le digo… "Subió una mona a un nogal y cogiendo una nuez verde, en la cáscara la muerde y le supo muy mal, arrojola  el animal y se quedó sin comer. Así le suele suceder, al que su empresa abandona, le pasa como a la mona al principio de vencer". Sopdu en pleno vuelo me mira de arriba abajo y me pregunta ¿de dónde sacas eso?  y se echa a reír, y yo más. Nuestro vuelo se empieza a parecer peligrosamente al del pico picapinos, arriba, abajo, abajo, arriba, como sigamos así nos la vamos a pegar, y Sopdu venga reír. Menos mal que un espectacular  paraje, casi frontera con Lugo, nos hace enmudecer , es la cascada o "seimeira"  Existente en el río Murias y oculta entre árboles centenarios  nos ofrece su partitura musical. Finos hilos de agua se precipitan al vacio, chocan con las piedras, vuelven a caer, cada hilo, cada chorro, busca su camino, siempre, siempre con la gravedad. Pero el tiempo pasa, giramos en torno a la cascada y salvamos alisos, sauces, fresnos, avellanos, castaños, carbayos. A dos vuelos ya se ve San Martín de Oscos.

El río San Martín se da un paseo por su pueblo. Lo cruzamos y vemos sobre una fachada palaciega el escudo de los Guzmán. El palacio es Monumento Artístico y en su interior alberga distintos centros de servicios, Centro de Salud, Biblioteca. Próximo al río la iglesia parroquial, Sopdu ¿cómo dices que se llama?, y Sopdu mosqueada pregunta ¿la iglesia?, y Sopdu gritando responde ¡San Martín, San Martín!, pues ¡viva San Martín! la contesto, y otra vez a reír. Un hórreo a su lado nos sorprende por su tejado de paja o teito, a los pies de la orgullosa y elegante espadaña de la iglesia de San Martín.

Dejamos San Martín de los Oscos, cruzamos bosques, arroyos y llegamos a la aldea de Mon, donde otro palacio nos recibe, el Palacio de Mon (s. XVIII), declarado Bien de Interés Cultural. Su estilo es barroco asturiano, con capilla adosada. Una muralla le protege y aunque el palacio es particular, nosotros si podemos entrar. Nos posamos en la barandilla del balcón principal, dos grandes escudos guardan su entrada, en ellos una leyenda, que leo en voz alta a Sopdu, dice: **"ESTAS ARMAS Y BLASÓN SON DE LA CASA DE MON, COMO FUERTE LAS GANÉ Y ASI LAS DEFENDERE".** Las voces que doy son tan altas, que alguien en su interior nos ha debido oír cuando, de repente, vemos a una persona detrás de los cristales, ¡alas para que os quiero!, y echamos a volar.

Nos elevamos, las vistas desde aquí son colosales. A nuestros pies la capilla de Santa Marina, que se asoma a la cuenca de los ríos Ferreira , Soutelo y al regato de Mon, junto a la aldea de Mazo de Mon. En su entorno abundantes corripas (construcciones para guardar y proteger las castañas de los animales), un cortín y la ermita de San Juan. Entre rocas de pizarra, abedules y robles el vuelo nos lleva al Concejo de Pesoz. El río Agüeiro riega su capital y, entre el Palacio de Mon y el Palacio de Ron, el sol  se nos quiere marchar. La capital Pesoz gira en torno al palacio. Su Iglesia de Santiago, en origen románica, cubierta de pizarra, ¡cómo no! al igual que el resto de casas de esta población. No nos entretenemos en Pezós como dicen los pesocenses y a la vista se nos aparece un espejo gris, es el embalse de Salime, represando, reteniendo, acumulando las aguas del río Navia.

El sol se empieza a ocultar y decidimos pasar la noche a los pies de la gran presa. Un gran castaño con vistas al salto de la presa nos atrae, y sobre el nos lanzamos. Cuando decenas de grajos salen de sus ramas gritando ¡kroa, kroa! ¡kroa, kroa!, les dejamos escapar. Una nube negra danzando se aleja, hasta confundirse en la inmensidad del cielo con la sombra del anochecer mientras nosotros, entre las ramas, vamos saltando eligiendo la mejor, para protegernos de las probables inclemencias del tiempo que pudieran en la noche surgir, dando al fin con la rama ideal. El sueño pronto nos vence y el viento, colándose entre las ramas, nos trae con un susurro una palabra que forman las aguas al saltar: ¡libertad, libertad!

En la noche oscura, suenan campanas provenientes de las profundidades del embalse, recuerdos del ayer, mientras los diminutos trasgus salen de sus escondrijos y con sus travesuras se cuelan y se entretienen en los hogares para y por fastidiar. En una casona y en torno al fuego, una voz grave en astur-galaico cuenta una ingeniosa cosadielle o adivinanza, mientras se esfoyaza, es decir, se deshojan las panoyas de maíz, para terminar cuando la fame apriete con la garulla, entonces nueces y castañas cocidas al calorcito del hogar se comerán.

Y entre sueño y sueño, pasa la noche y empieza a amanecer. Abro un ojo, el otro le cuesta algo más, pero al fin los dos abiertos están. Enfrente las aguas represadas con un suave y rizado oleaje se empujan entre sí para llegar al salto, enfrentarse al hormigón y no defraudar. La sala de máquinas de la presa está decorada con relieves y frescos del gran arquitecto, pintor y escultor Vaquero Turcios. Sopdu ya está despierta cuando contemplamos atónitos el salto continuo que el río Navia con sus aguas logra formar. Por una carretera un vehículo con sus luces encendidas acaba de llegar y, a los pies de la presa, bajo las pinturas del padre de Vaquero Turcios, su motor deja de ronronear.

Con las primeras luces sobrevolamos el embalse. Bajo sus aguas vemos, con nuestra vista de halcón, lo que quedó del pueblo de Salime: casas, puentes, iglesias, cementerios deteriorados por las aguas pero aún de pie. En sus fondos el pasado algo querrá decir y, ala con ala, entramos en la villa de Grandas. En el centro una torre campanario de fachada blanca se erige sobre lo que antaño fue Colegiata, es la iglesia de San Salvador. Arcos a sus pies la rodean. En una capilla lateral y en lo más alto de su espadaña un gallo-veleta nos indica por dónde soplan los vientos. A nosotros, amigos del viento, ¡aaah! veleta, veleta tienes que ser. En el Ayuntamiento, tres banderas ondeantes y un reloj nos saludan al pasar. Damos dos vueltas más y nos dejamos llevar por el viento que hacia el Sur se va.

# XVII

## CUCURRUCUCU

Remontamos la cuenca del Navia, cruzamos tierras galaicas, tierras lucenses, y jugando con el Navia, aparece a nuestra izquierda su afluente el río Ibias. Nos elevamos sobre él, seguiremos por su cauce, un corto vuelo y volvemos a volar por nuestra querida Asturias. A la vista un pueblo ejemplar observa entre piedras su discurrir, es San Antolín de Ibias, le llaman el sol de Asturias, un tesoro natural. Su iglesia de Santa María (s. XIII) románico cisterciense, pequeña como el lugar, nos asusta tañendo sus campanas al pasar. Menos mal que íbamos atentos, si no tal vez de bruces y con los picos abríamos dado las dos. Merodeamos sobre el Ayuntamiento y como no, banderas ondeantes en su balcón. A su lado, en una fuente de piedra una familia de pinzones entre saltos y juegos calman su sed, "tabaca aumentativa, dola obliga", les oigo decir, afortunadamente no tenemos fame, si no de qué.

El río Ibias entre meandros y saltos nos adentrará en el Parque Natural de las Fuentes del Narcea. En su interior lo primero que se nos presenta es la Reserva Natural de Muniellos. El paisaje es monumental y un protagonista, el roble albar, que entre manchas de abedules, castaños, acebos, hayas y tejos nos acompañará en nuestro volar. A nuestra izquierda se asoman las sierras del Bonzón y de Ciancho. Pasamos rozando el Picu Redondu, los valles desnudos nos muestran su belleza natural. La Candanosa, Las Gallegas y La Zreizal, dan nombre a los arroyos que reptando por sus valles se unen a un regueiro que acaba de nacer, es el río Muniellos o Tablizas, eje del lugar, otros riachuelos van sumándose a su caudal. Entramos en la aldea de Tablizas,  puerta de salida y entrada a esta Reserva Natural  y en nuestro vuelo llegamos hasta la población del Moal.

La sensación que experimentamos en este lugar es de una inmensa libertad y soledad. Giramos lentamente noventa grados y cambiamos de dirección, retornando al sur. Los robles alfombran el suelo de tal manera que solo las cumbres de algunas montañas se ven. Una carretera a nuestra izquierda zigzaguea para poder cruzar el puerto de Rañadoiro y allá se queda. Nos volvemos a encontrar con el río Ibias, con él intentamos jugar. Su corriente nos invita, nos arrastra y nos lleva hasta la comarca de los Cunqueiros, así llamada por su oficio, la fabricación de los concos o cuencos de madera, en el torno de pedal, también conocidos como Tixileiros. Hablan su propia lengua, una jerga o lengua gremial, el Tixileiro. En El Corralín vemos las huellas de la avaricia humana que el tiempo no ha conseguido borrar,  una mina romana, cortes y cicatrices en la montaña, el sueño del dorado, y otra mina más allá. Giramos en torno a ellas, la tradición decía "Corralín, Corralín, cuenco de oro, tiras una piedra y aparece un tesoro".

Siguiendo con nuestro vuelo una mancha gris alargada y asfaltada cruza el pueblo de Sisterna. Unos números mágicos en una señal 212 y la mancha nos acerca a El Tablado. Sobrevolamos esta aldea y vemos  una iglesia, la de San Luis, con su Cristo tallado en marfil (s. XVI), una plaza  y, un poco más allá, un grupo humano haciéndose fotos alrededor  de un centenario castaño, alto y grueso, le llaman "El Arbolón" o "El castaño de Tablado".

Otra vez más cicatrices, ahora en la falda de la Sierra de Tablado, más heridas del pueblo romano, del  pueblo opresor. Al pasar entre sauces y fresnos, sus ramas azotadas por el viento nos recuerdan a los sacadores (cortadores de arboles) al susurrar con sus hojas en nuestros oídos palabras tixileiras  "San Bartolo ya pasóu, San Francisco va vinindu, ¡Vamunos indu, cunqueirus, cunqueirus, vámunus indu!", palabras que al acercarse la festividad de San Bartolo hacia el otoño los tixileiros o cunqueiros decían antes de marcharse hacia el sur, donde vendían su producción. Por cierto Sopdu, ¿sabes como se dice en tixileiro, reírse? ¿cómo, cómo?, pregunta volando al revés, pués…"Rigañar el paletu", ¿eh, eh? Reduzco la velocidad de vuelo y planeando se lo vuelvo a repetir,  RI-GA-ÑAR EL PA-LE-TU y Sopdu se echa a reír.

Aprovechando los vientos sobrevolamos una collada. Aparece una espadaña y, a sus pies, la iglesia de San Francisco de Asís. Estamos en El Rebollar. Una vía romana que desciende de León, el Camín del Trayecto, pasa por este pueblo en busca del dorado, ¡Por Tutatis, otra vez los romanos!

De repente a nuestros oídos llega una preciosa canción, es un runruneo, un zureo, un galanteo, Sopdu es la primera en oírla, traída por el viento dice así "…cucu-rrucu-cuu palooooma, cucu-rrucu-cuu noo llooores" Hago una rápida maniobra y una paloma en mis garras cae. La hembra más atenta y menos distraída logra escapar. Y al pie de un carbayo, entre los dos damos cuenta de este cantautor. El breve descanso y el buche lleno nos viene requetebién.

Mientras descansamos observamos en un sepulcral silencio cómo un hombre sentado en una encrucijada sujeta en brazos lo que parece ser un niño. Se mantiene a la espera, aguzamos nuestra vista. El hombre viste prendas ajadas. El niño, medio tapado con un mantu, no para de toser, muestra una palidez extrema y en sus delgaditas piernas, rodeando y atando sus diminutos pies, un hilo de lana llamado ingalius, (a los duendecillos de estas regiones les gusta molestar a los niños impidiéndoles crecer, secándoles, dejándoles en los huesos). El hombre alza la vista y alegra su rostro al ver llegar a una mujer, que no sabiendo de dónde, saca unas tijeras. Nos tememos lo peor. Su brazo señala las tijeras a la mujer y a nuestros oídos llegan sus palabras "Mujer que vienes con fortuna, corta los ingalius a esta criatura". La mujer corta el hilo que ata las piernas del niño y con esto queda cortada la enfermedad. El hombre y la mujer, sin despedirse y en silencio, abandonan el lugar. Asombrados Sopdu y yo nos miramos de par en par.

Retomamos una vez más el vuelo sobre el valle. No acabamos de elevarnos cuando ya estamos viendo la población de Degaña, a los pies de la Sierra del mismo nombre. Su iglesia, la de Santiago, a las afueras, parece que no quiere participar con el pueblo o será que quiere algo más de intimidad. En el centro de la aldea se ve alguna casa con su escudo de armas. Las vistas sobre el valle son un auténtico espectáculo. Sobrevolando la carretera una población más, Cerredo. Pero queremos cruzar la sierra adentrarnos más allá. Tomamos altura, a más de dos mil metros la Cordillera Cantábrica se insinúa orgullosa, no terrenal, seguimos elevándonos, llegamos a ver las tierras leonesas, la cuenca del Sil, el Embalse de las Rozas, Villablino, pero León no entra en nuestros planes y quedará atrás.

Una aldea, el Monasterio de Hermo, en el corazón de este Parque Natural, atrae nuestra atención y descendemos sobre ella, Su iglesia de Santa María (s.XII al XIII) está declarada Monumento Histórico Artístico y Bien de Interés Cultural. Sus dos campanas en la espadaña parecen dos ojos en cuencas observando el acontecer diario de este lugar. Con alegría giramos en torno a sus casas, (las lajas de pizarra cubriendo los tejados una vez más son protagonistas de ese color grisáceo que alfombran esta tierra tan singular). Mi vista alcanza a ver una leyenda "Aquí nació el pintor Luis Álvarez Catalá", (uno de sus cuadros, la silla de Felipe II, cuando la peseta era peseta, ilustró un billete de curso legal, el de cien pesetas). Nos encontramos en el concejo más grande del Principado de Asturias, Cangas del Narcea, el vuelo entre hayedos y contra corriente del río Narcea nos lleva a su nacimiento. En la divisoria entre Asturias y León, a los pies del puerto de Leitariegos, dos regueros, uno que fluye por la Granda de Rioconco y otro que surge entre unas peñas conocidas como Fueyos, se unen en un lugar que, conocido como Fuentes del Narcea, da origen al río Narcea que acaba de nacer.

Nos introducimos en la Reserva Natural Parcial de Cueto Arbás, sobrevolamos el vértice del Cueto de Arbás, a 2007 metros de altitud, y nosotros aún más, un punto geodésico, una caseta y unas antenas es la única referencia o señal que del hombre hay por aquí. Siempre, siempre que llegamos a estos lugares, unos círculos son inevitables de dar. La panorámica a esta altura nos embriaga de felicidad y libertad, nos hace sentir inmensamente pequeños, al nordeste el Parque Natural de Somiedo, sus picos, su inmensa mancha con distintas tonalidades de verdor, al sur Laciana y el alto Sil, al oeste lo ya recorrido y dejado atrás. Sobre la Laguna del Puerto o Arbás, las nubes coquetas se miran sobre su espejo natural, sus formas caprichosas cruzan la laguna, escondiendo al sol, que a intervalos cortos aparece brillante, altivo y orgulloso recordándonos quién es. Un arroyo se desliza por un valle, descendiendo, aumentando de caudal, es el Naviego, el rumor de sus aguas nos llama, nos atrae, seguiremos su curso. Pasamos por las brañas, Brañas de Arriba, Brañas d´Abaxu, garantía de pastos, hoy el paso del tiempo los dejó sin vaqueiros de alzada y sin cabanas de teito (techumbre vegetal). En una cerrada curva el río roza las tierras del pueblecito de Trescastro, situado en una ladera, tres casas blasonadas logramos ver, dos fuentes, hórreos y paneras, y un texu mágico junto a la Ermita de Santa Isabel.

En nuestro periplo pasan los pueblos y aldeas, ríos y valles, flora y fauna, y en la distancia y tras la maleza vemos esconderse a un oso. Pasamos de él y sobrevolamos la aldea de Vegameoro, con sus casas y casonas, una de ellas hasta con ermita privada. El río Molín, que terminará uniéndose al Naviego, también se pasea por aquí. La carretera paralela al río parte en dos a Miravalles. Entre sus casas un palacio de teja roja, en tres aleteos El Otero, con sus casas empinadas, luego Caldevilla de Arbas, y en la ribera derecha Rubial y su capilla de Santa Marina, el rio Naviego cada vez más cantarín, Nos gustaría mencionar todos los pequeños núcleos y aldeas que vemos, pero algunos carteles a la entrada de estos pueblos, o están torcidos o no se ven o nos pillan al revés.      Un hombre con madreñas nos sorprende andando en Socarral, a la sombra de la sierra de San L. Loáu Villacibrán un poquito más grande que los demás y un tejo centenario que postrándose a los pies de la iglesia de Santa María (s. XIII-XIV), pide llorando más tierra alrededor, pues ya no puede bien respirar, "obres al lláu, texu secáu", dice el refrán.

El precioso valle nos lleva a la parroquia de Naviego. A un par de kilómetros del lugar una de las pocas oseras que quedan y, en la zona llamada "Mina de la Carnera", con nuestra vista de halcón, descubrimos la forma de un carnero, carnero que al ser de oro buscan generación tras generación, escondido por los árabes en su rápida huida tras la reconquista, ni se imaginan donde está, -Sopdu, de esto chitón-. Con nuestros vuelos en círculos marcamos en nuestra mente el lugar, trasteamos por el río y aparece la aldea de Palacio de Naviego a nuestros pies. Observamos un palacio o casona centenaria, su entorno limpio, cuidado, ajardinado y, sobre la fachada un cartel verde con dos letras, AT y tres llaves, su nombre Palacio Rosa Mar. En un patio una escalera de piedra llega a un hórreo centenario y bien cuidado, cuadradito todo él, pero el río sigue su cauce y queremos ver más y más. Nos elevamos y no nos deja de sorprender la belleza del valle, con razón toda esta región está declarada Reserva de la Biosfera por la UNESCO, a la que se une, la palabra de halcón. Pasamos por el caserío de Villacanes, perteneciente a la parroquia de Bimeda. Un puente romano nos recuerda su bagaje histórico y cultural. Aguas abajo San Martín de Bimeda, el río Naviego confluye en Las Mestas con el río Cibera . Dos aldeas Puenteciella y Limés quedan atrás cuando divisamos ya la villa de Cangas del Narcea.

<h1 style="text-align:center">XVIII</h1>

<h2 style="text-align:center">EL NARCEA</h2>

En Cangas entramos siguiendo la corriente del río ya convertido en río Luiña, a nuestras patitas,  un puente de piedra. Bajo el puente la corriente del río mueve una noria que a su vez transmite el movimiento a una rueda con cuerda que sube a la parte central y más alta del puente para hacer girar un artilugio con bombillas que no llegamos a comprender. Cruzamos la calle de la Veguetina y fachadas ocres, violetas, blancas. En la orilla izquierda edificios nuevos, y la carretera AS-15 cruzando de orilla a orilla por un puente de asfalto  la ciudad, los ríos Luiña y Narcea se encuentran y se abrazan. A nuestros pies otro puente, pero ahora colgante y peatonal, se balancea sobre el Narcea. Sopdu me indica una fachada con dos torres, es la Basílica de Santa María Magdalena (s. XVII), monumento Histórico-Artístico. En la portada principal y bajo un gran reloj la Virgen María de Magdala, dentro de una hornacina, parece que algo nos quiere contar. No lo podemos evitar y a sus pies nos vamos a posar. El silencio en esos momentos es total, sólo nuestros pequeños corazones se oyen al unísono en este lugar cuando, de repente, oímos una voz muy dulce entre sollozos susurrar, " Jesús por qué me hiciste esto, ser testigo de tu crucifixión y de tu posterior resurrección", Nuestro estremecimiento es mayúsculo. La voz deja de oírse y, entre el silencio, volvemos a escuchar  con fuerza nuestros corazones palpitar. Miro de frente a Sopdu, ella me mira a mí, y echamos a volar. Mientras giramos en torno a la plaza  nos preguntamos una y otra vez, sin dejar de mirar a la Virgen, qué significado tendrá. Una cruz verde en una fachada que no para de parpadear, nos devuelve a la realidad, y gente que entra y sale del local con paquetitos de plástico, rostros serios y

121

cierta preocupación. Muy cerca el Palacio de Omaña (s. XVI) con su puerta de medio punto y escudos familiares, compite en belleza con el Palacio de los Conde de Toreno (s. XVII), el de los Llano (s. XVIII), el de los Uría (s. XVIII), el de Peñalba (XVIII) y el más antiguo antiguo de la villa, el Palacio de Pambley (s. XVI) junto a la Fuente (s. XVII). Cangas llegó a ser, exceptuando a Oviedo, el municipio asturiano con más linajes nobiliarios.

En unos balcones unos molinillos de colores junto a discos plateados nos avisan que las palomas ahí no deben molestar, luego hay palomas ¡uuuhm!, ¡qué rico manjar!, y más balcones repletos de flores de color, rojas, azules, rosas. Unos grandes carteles con artistas sonrientes en una preciosa fachada nos anuncia que estamos en el teatro Toreno. Damos vueltas y más vueltas, la villa ta guapa, guapa. Cerca de la construcción indiana del Chalet de los Solisos, una escultura, un monumento al esfuerzo, al trabajo, a la minería, lo componen dos figuras, un picador y su ayudante o "guaje".

Dejamos esta singular puebla y seguimos sobrevolando por las aguas del Narcea. Una carretera la AS-15, conocida como el "corredor del Narcea" imitando los regates del Narcea sigue su curso. Sopdu vuela rápida, me lleva con la lengua fuera, ¡Sopdu, baja el ritmo!, la tengo que gritar. Palacio de Courias, ¡menos mal!,…una araucaria en su patio principal nos invita al descanso y así lo hacemos. Ya posados los dos, juntos pero en distintas ramas, observamos en silencio su claustro. La iglesia está cerrada y no la podemos ver, nos perderemos al Cristo de la Cantonada, así llamado debido a la tradición de darse un golpe (cantonada) contra la calavera que hay a sus pies, como remedio para curar el mal genio. Cari te vendría muy bien entrar y darte un cocorotazo, ¡je, je, je!, exclama mirándome de soslayo.

Breve reposo y Sopdu empieza a volar. Seguimos el curso del Narcea, pasamos Pontelinfiernu, Tubongu, Antráu, Pilotuerto y su pequeño embalse y entramos en la Comarca Vaqueira. En el horizonte divisamos Tinéu, a nuestros pies, unos vaqueiros de alzada danzan el baile de la araña. Damos círculos en rededor hipnotizados por sus pasos en el prau, con la danza parece que no pase el tiempo. Siguiendo con nuestro volar nos adentramos en Tineo. Nada más entrar contemplamos su Ayuntamiento con sus arcos, banderas y reloj, la Iglesia de San Pedro, casas blasonadas como la de García Tineo, la de los Merás. Sobrevolando la villa observamos y disfrutamos de todo lo que alcanzamos a ver  y volvemos a nuestro cauce. El Narcea va besando las tierras de La Florida, Casares y Soto de la Barca.

Envuelto en unas cálidas corrientes unas notas musicales llegan a nuestros oídos, un himno especial o marcha militar. Cruzamos el pueblito de Santianes y descendemos. Estamos en Tuña,  cuna del General Riego, donde una banda toca su himno, el himno de Riego, frente a una fachada junto a una placa que dice **"EN ESTA CASA NACIÓ EL GENERAL D. RAFAEL DEL RIEGO FLOREZ QUE PROCLAMÓ LA CONSTITUCIÓN DE 1812 EN CABEZA DE SAN JUAN EL 1 DE ENERO DE 1820, PERSEGUIDO Y CONDENADO A MUERTE POR SUS IDEAS Y SIGNIFICACIÓN POLÍTICA FUE AHORCADO EN MADRID "**. Es la Chamborra, la casa natal de D. Rafael del Riego. Mientras, un anciano apoyado en su cayado, apartado y solitario seca sus lágrimas y entre ligeros sollozos y en voz baja le oímos decir ¡Viva la Constitución!.

Planeando, no llamando la atención, vemos casitas, casas nobles y el río Genostaza alcanzando a su hermano mayor. Una carretera paralela al río Narcea copia las sinuosas curvas que el tiempo talló. A nuestra diestra vemos grandes heridas en las laderas de la Sierra de Begega, son las minas auríferas que, a lo largo de un cordal de ocho Km de extensión entre el Narcea y el Pigüeña, legaron los romanos, actualmente  explotadas por la compañía Río Narcea Gold Mines. Cuando aparece Soto de los Infantes, volamos a gran altura sobre Soto y, olvidándonos del Narcea, llegamos a  la capital del Concejo de Salas.

Descendemos sobre Salas para ver de cerca su Colegiata, la de

Santa María la Mayor, al mirarla de soslayo parece enfrentada o enemistada con la Torre y Palacio Valdés. No obstante el Ayuntamiento hace de juez, mientras una barquita varada y sin río se deja fotografiar. Salas es monumental y alargada. El río Nonaya tutea al paseo que por sus orillas el hombre ha sabido adornar. A nuestra siniestra una cuesta, pina, pina con carretera asfaltada acerca al hombre a un tejo singular, el Texu de Salas.

En un pequeño cementerio no uno sino dos tejos centenarios guardan el reposo de los salenses. El más grande y antiguo, con más de 6 m de perímetro y 16 de altura, es el Teixu o Tixu de Salas, árbol sagrado de los astures y vínculo de unión del pueblo asturiano con la tierra, también árbol de la oscuridad, de la penumbra y de la muerte, (con sus bayas los guerreros astures se suicidaban antes de caer en manos del enemigo). Vemos cómo una anciana y bella muier de ojos azules como el mar, a los pies del texu, barre las hojas que a su alrededor los genios del aire, los ventolinos como recuerdo de su pasar, han dejado caer. Más arriba una ermita, el Santuario de Nuestra Señora del Viso, compite en belleza con la del núcleo de Salas, la Capilla de San Roque. Nos elevamos y, con el día tan claro que hace hoy en lontananza, vemos el mar.

Saliendo de la ciudad nos unimos al río San Vicente que, paralelo al Narcea, se encuentra con él en Cornellana. Su Monasterio nos llevará al Medievo y, siguiendo el curso del Narcea, llegaríamos a Pravia donde, uniéndose con el Nalón, terminaría muriendo en el mar. Desde gran altura seguimos su discurrir, pero como ya hemos volado por ahí, decidimos seguir hacia el Sur. Ahora nuestro vuelo remonta una parte del Narcea, la Senda del Salmón, aldeas acariciando sus orillas, Marcel, un puente colgante sobre el río Narcea y más aldeas, Barcena y Láneo. Abandonamos el Concejo de Salas y nos adentramos en el de Belmonte de Miranda, la puerta de Somiedo.

# XIX

## MIRUFLÍ, MIRUFLÁ

Un río desemboca en el Narcea, va de Sur a Norte y, con sus aguas enriquece el concejo de Belmonte de Miranda, es el Pigüeña. La historia del concejo aparece allá por la Edad Media, unida a la construcción de un monasterio, la Villa Lapideum, fundada por la reina Velasquita. Sopdu al oírme el nombre, pregunta ¿Velasquita?, sí, sí ¡Ve-las-qui-ta! esposa del rey Bermudo II de León, ¡Ber-mu-do! Sopdu me hace reír, pues ella no ha parado de reír desde que se lo cuento, déjame Sopdu, déjame que te lo cuente, Bermudo III permutó esta propiedad con los Condes Froilaz e Idontio Ordoniz, por otra de estos en Galicia, (a Sopdu no la puedo ni mirar, cuando he dicho el nombre de Idontio Ordoniz se ha dado la vuelta, pero yo sigo), es Alfonso VII quien bajo su protección consolida territorial y jurisdiccionalmente este señorío, con capitales en Selviella y en Lapedo, muy cerquita de un poblado llamado Belmonte, como veo que no me hace ni caso, paso de Sopdu y sigo mosqueado con mi volar.

Pasamos por la aldea de Longoria cuando el orbayu empieza a danzar. A Sopdu le encanta el orbayu, a mí no tanto y sobre todo cuando pasa de ahí. El pico Couria se divisa entre nubes mas allá. Volando jugamos con alisos, álamos y sauces por la ribera del Pigüeña llegando a la parroquia de San Martín de Lodón, la de mayor densidad de población de esta región. Dos vueltas damos y seguimos nuestro volar. El orbayu cesa y empieza a jarrear. Me adelanto y me elevo sobre Sopdu y, como mejor puedo, le indico una mancha boscosa para nuestra protección, es el bosque de

"Sauces Blancos" próximo a Las Lleras. Con los ojos llorosos y las plumas empapadas, intentamos descender, ráfagas de viento y lluvia nos traen a mal traer y, al final logramos cobijarnos en un gran sauce blanco. Hemos elegido el mejor rincón, el más guapu, el más seco, agua caliente y calefacción central, con vistas al río Pigüeña, ¡menuda habitación…!¡Kan, Kan!, me grita Sopdu, deja de soñar y así es, dejo de soñar.

Como aún es pronto para acompañar a la noche con nuestros sueños, nos dedicamos a secar nuestras plumas y limpiar nuestro ropaje. Sopdu con el pico me acicala las plumas a las que uno no llega, yo hago lo propio con las suyas,…" y así limpiaba, así, así, así limpiaba así, así, así limpiaba que yo la vi". Sopdu se ríe y Kan puné-se colorau  "La chucura nun tien cura, ía si la tien, poucu dura", me dice Sopdu. Entre las nubes asoman de vez en cuando los cuernos de la luna y al ver su forma, los recuerdos me transportan a las narraciones nocturnas que en el nido mi madre a mis hermanos y a mí nos contaba, entre ellas las del niño Xinxinos: "Cuenta la leyenda que había un niño que era muy desobediente y maleducado con su propia madre, a la que encantaba fastidiar cuando tenía que ayudarla con las tareas del hogar. En cierta ocasión en que estaban cortando leña, Xinxinos cargó una pila de ella a la espalda y le preguntó a su madre dónde debía dejarla, pero la madre, exhausta de la repetitiva y mala conducta de su propio retoño, le exhortó a que la pusiera en los cuernos de la luna. La maldición se hizo efectiva y el niño fue condenado a vagar por los bosques sin descanso, apareciéndose en las noches de luna llena cargando con una pila de leña que no sabe dónde dejar".  Cuando termino Sopdu acaba por cerrar sus ojos y roncar, y hete a Kan en silencio y en plena noche contemplando el pasar de las nubes y los cuernos de la luna que me han hecho rememorar  la leyenda del niño Xinxinos.

El amanecer es sombrío, la intensa lluvia caída durante la noche ha dejado sus huellas sobre la tierra, sobre la hierba, sobre las hojas. Sopdu embúrriame al despertar y casi me caigo del lugar. De una oquedad Sopdu saca partido libando su agua. El día comienza a clarear y la fuerza del sol se abre paso entre un tejido de nubes que no se quieren  marchar. El rio Pigüeña, cristalino y cantarín, sigue su cauce. En lontananza, a nuestra diestra, el Alto de La Brueva y, en sus faldas, el pueblo de Bello, el de los Alonso de Beyu, y dos casonas importantes, la de Riballo y el Palacio de los Beyu (s XVII). A contracorriente se nos aproxima Selviella, antigua capital municipal, la carretera lo roza, el río más allá, y una antigua central eléctrica acallando su cantar. A nuestra izquierda, la sierra de Pedroiro acompaña al Camín Real, antigua calzada romana, vía natural de comunicación de Norte a Sur.

Por fin, a las nubes vence el sol, los valles acolchan sus tierras facilitando el paso del río Pigüeña, la naturaleza explota. Sopdu y yo ya no sabemos para donde mirar. Pasamos las aldeas de Corias de Arriba, de Abajo. En Alvariza, una fragua y unas niñas jugando al corro. Sobrevolamos sobre ellas y prestamos atención a su cantar que nos llega alto y claro:

**¿Dónde va la cojita?**
**mirufli, miruflá**
**-Voy al campo**
**a coger violetas,**
**mirufli, miruflá**
**¿Para quién son las violetas?**
**mirufli, miruflá**
**-Para la Virgen nuestra Patrona**
**mirufli, miruflá**
**¿Y si la reina te viera?**
**mirufli, miruflá**
**-Yo le haría una reverencia.**
**mirufli, miruflá**
**-¿Y si el rey te viera?**
**mirufli, miruflá**
**-Yo le haría dos reverencias.**
**mirufli, miruflá**
**-¿Y si el príncipe te viera?**
**mirufli, miruflá**
**-Yo le sacaría a pasear**

**(La cojita toma una niña del brazo, da con ella un paseo y la vuelve al corro)**
 **mirufli, miruflá**
**-¿Y si el guardia te viera?**
 **mirufli, miruflá**
**-Yo me burlo de ese guardia.**
**(Se burla de la niña que hace guardia, la cual corre tras de la cojita "haciendo cadena" por debajo de los brazos de las que forman la rueda)**

Dejamos el corro y volando no paramos de reír. El viento a rachas nos trae los estribillos de otra canción, "...mirandón, mirandón, mirandera" "do, re, mi, do, re, fa", pero allí se quedan las niñas miranderas. El Bello Monte ya se encuentra a la vista. El río Pigüeña lo atraviesa de Sur a Norte, el único río que cuenta con el único núcleo de población de salmón autóctona de Asturias. La carretera paralela en los dos sentidos y Belmonte como capital del concejo acomodándose entre los dos, unas banderas ondeando en el Ayuntamiento, y casitas y casonas.

En una explanada vemos jugar a los bolos, deporte que en su origen se remonta a cientos de años de historia, juegan al birle con biche, sobre el suelo tienen colocados nueve bolos grandes y puntiagudos y uno más pequeño llamado biche. El lanzador, con una bola ovoide, intenta derribar los bolos con dos lanzamientos, uno aéreo y otro libre. En este caso no solo lo intenta, sino que lo consigue al derribar con su último tiro libre los únicos bolos que de pie quedaban. A mí me asombra su puntería y a Sopdu, ni le asombra ni le emociona, pues los golpes más bien le llegan a asustar.

Dos vueltas más y a contracorriente del Pigüeña seguimos con nuestro volar. En la lejanía a nuestra izquierda, el concejo de Grado saluda al de Belmonte de Miranda, río y carretera, carretera y río, emparejados, dirección Norte-Sur, pasamos caserías , Peñarranque, los castros de Ondes, Los Cerezales, Las Llamas, La Casa del Sol, La Casa Blanca y las terneras roxas. En

Agüerina nos distraemos con su Palacio de Cienfuegos (s. XVII), un patio central, torre y capilla y, en la fachada, el escudo de los Cienfuegos como única ornamentación. Unos aleteos y estamos en la parroquia de Agüera. Hacia el sur el terreno se va quebrando. Tomando altura nos impresionan las cumbres y valles de Somiedo. Un fuerte viento nos arrastra, nos dejamos llevar, planeamos aprovechando su corriente. La parroquia de Almurfe la pasamos rápidamente y, cuando nos queremos dar cuenta, estamos ya en el límite del concejo de Somiedo. Aguasmestas es su primera aldea.

# XX

## SOMIEDO

Siguiendo el cauce del río Pigüeña entramos en tierras somedanas, tierras de brañas y vaqueiros, de trasgus y duendecillos, de osos y urogallos. Parque Natural, vertebrado en torno a sus cuatro valles principales, surcados por los ríos que le dan su nombre, Saliencia, Valle, Somiedo y Pigüeña. Nos elevamos y el manto somedano graba e impresiona nuestras retinas. Pizarras, areniscas y cuarcitas en las alturas, enebros, arándanos y gayubas en el piso subalpino, bosques caducifolios en el montano.

A nuestra diestra, entre la Sierra de Cabra y el río Pigüeña, se ven las primeras brañas, espacios "de nadie". Sobrevolamos entre hayas y robles que nos acompañan, abedules y zarzamoras que se enredan, cuando aparece el pueblo de Santullano. La Iglesia de San Julián nos saluda al pasar. A nuestra siniestra, Pigüeces y; una vez más, un templo parroquial dedicado a San Julián.

Llegamos a Villar de Vildas. Entre sus caleyas aparecen hórreos, paneras, casas y casitas. Aguzando nuestra vista descubrimos una placa de bronce con una leyenda más, que dice "Pueblo Ejemplar de Asturias 2004…por hacer posible una forma de vida viable…en armonía con la naturaleza…SS.AA.RR. LOS PRINCIPES DE ASTURIAS… ¡Qué bonito Sopdu!

Seguimos hacia el Sur cuando al Oeste, en el bosque de Las Sendas, una vereda nos enseña las huellas de un oso. Sin pensarlo dos veces dejamos el Pigüeña y seguimos las huellas. En el terreno las huellas son nítidas, las de las patas traseras, paralelas, nos indican el sentido de la marcha, las delanteras  miran hacia dentro, se dibujan precisas y claras sobre la tierra, sus uñas, sus cinco dedos, al contrario que en el hombre, el pulgar es el más pequeño. Sobrevolamos en círculos. El oso de vez en cuando se para y olfatea, se separa del camino, se adentra en la espesura. Le hago una señal a Sopdu para que me siga, reducimos la altura de vuelo y conseguimos volver a verlo. Nuestro vuelo se complica ante la espesura. El oso se para ante una gran piedra y la voltea, se da un ligero festín con larvas e insectos que el volteo deja ver. Un urogallo cruza entre ramas y sombras el bosque. El oso no está satisfecho y sigue y sigue olfateando. Algo le distrae y, acelerando su paso, al fin da con ello. Yo estoy a punto de caer al golpearme con una rama. Terminamos de posarnos en un carbayo cuando el oso pardo, con un ágil y rápido movimiento, atrapa a un joven corzo herido, dando por término a su agonía. Manos y dientes le acompañan en su despiece, sus mandíbulas dan rienda suelta a su cometido, su hocico ensangrentado cambia su aspecto. Sopdu y yo nos miramos aterrados, no queremos pensar si nos pilla lo que nos haría, claro, si nos pilla, pero por si acaso nos mantenemos en silencio. Al fin se tumba y, cuando está más distraído, Sopdu y yo huimos y retomamos a contracorriente las aguas limpias y cristalinas del río Pigüeña.

Una pista hormigonada asciende paralela al Pigüeña y nuestro mejor sentido, la vista,  descubre las brañas de Pornacal, más de treinta Cabanas de Teito a nuestros pies. Giramos en torno a ellas. Fantasía o realidad,  nos recuerdan los castros o  poblados prerromanos, de planta rectangular las cabañas generalmente tienen dos alturas, la planta baja que, aprovechando el desnivel del suelo, recoge el ganado, en algunas hay un pequeño espacio para el descanso del brañeiro,  y la parte alta para guardar la hierba seca o como vivienda. En una de ellas vemos un pequeño habitáculo adosado a ella, el Cabanu, para un mejor descanso del brañeiro, pero lo que más nos impresiona son sus techos o teitos, de escobas o xinesta, y piornos cuando ésta escasea. En vuelo destacan sus formas y las largas varas de madera o llatas sobre la cumbre o cume, junto con unos palos ahorquillados, los gavitus, mientras unos palos transversales con su peso sujetan el teito, son los zancos o puercas. El río Pigüeña divide a estas cabanas en dos grupos, el más numeroso en la margen derecha hacia el sur, y en la otra orilla  el menor, un puente sobre el río las hermana. Hipnotizados por el lugar, giramos y giramos en torno a él, ni un alma hemos visto, el silencio solo lo rompe el runruneo monótono del río al pasar.

Dejamos las brañas de Pornacal, las praderas de La Requexada van quedando atrás. Unas cuantas vacas pastan al sol, el color rojizo de su capa contrasta con el verdor. El valle se va encajando y una cascada nos alegra la vista.  Hacia ella nos dirigimos, es la cascada del Corralón. A los pies del salto de agua una bella joven de ojos claros  peina sus dorados cabellos. Sopdu mirándome me hace una señal para que me aparte y no logre vernos. Nos posamos en la rama de un gran avellano, y Sopdu me susurra al oído; es la Xana, que está en espera de algún incauto para cautivarlo con sus promesas y encantos. Las xanas guardan sus tesoros en las grutas y bajo las aguas. Sus hijos los xaninos, pequeños y peludos, los intercambian por algún niño de alguna aldea cercana al no poderlos amamantar. Asombrado escucho a Sopdu, cuando una cuélebre amenazante sale de un lateral y, asustados, continuamos nuestro volar.

Más allá divisamos otra braña, la Braña Vieja o de los Cuartos, con sus corros de planta circular y chozos teitados, generalmente usados como establos para los terneros de corta edad. Más allá el valle de los Cereizales , el Cornón, ya hacia el sur, con sus 2.194 m nos indica el techo de Somiedo. Sus cumbres esconden el nacimiento del Pigüeña. Hacia él vamos y, en la Fuente de la Paradona hacemos una parada. El lugar es el alfa del Pigüeña, su nacimiento, tras 46 km de recorrido de sur a norte, su omega lo encontrará al juntarse al río Narcea.

El paisaje es majestuoso. Planeamos, ascendemos y descendemos. Raseamos el collado de La Enfistiella  y llegamos a La Peral, a los pies de las montañas. En la cima del pico Mocoso , una cruz y el punto geodésico indicando su altitud (1988 m). Enfrente la Penouta (1976 m) y, al fondo, el Cornón. La aldea centrada entre picos acapara nuestra atención. El río Somiedo nos invita de excursión, acaba de nacer en el puerto de Somiedo y ya está danzarín y jugetón. Siguiendo su cauce por el valle su corriente nos lleva a Caunedo, un puente y otro y llegamos a la parroquia de Gúa. Una muier guarda unas ollas con leche en unas olleras, una construcción a manera de fresqueras hechas de piedra y por la cual circula el agua pero, un resplandor en tierra me distrae y hace que me centre en él. Con mi vista prodigiosa descubro semienterrado un denario ibérico de plata. Estamos en el castro del Castietcho, cuando las campanadas de la iglesia de Santa María de Gúa nos reaniman. Sopdu elevándose me indica Pola de Somiedo. En un prau una decena de vacas roxas pastan con auténtica  placidez, planeamos sobre ellas, hacemos cabriolas e intentamos llamar su atención, ni caso, pastan que te pastan, una alza el rabo, ya sé, ya sé lo que va a hacer.

La Pola ahí está. Entre peñas y picos, bosques y prados, y un río ruidoso y saltarín, vemos un puente de piedra, un oso congelado en un jardín, la iglesia de San Pedro, dos huecos en su espadaña y, sobre su puerta, la fecha de su construcción 1751. En una de sus fachadas el escudo de los Flórez Estrada y, a ambos extremos del blasón, una inscripción **"A Francia fue un caballero / de los Flórez principal / y entrando en casa real / sacó de allí una doncella / la cual por ser tan bella / se la quisieron robar / y él empezó a pelear / y la supo bien guardar"**, ¿Qué te parece Sopdu?, ¡fiu, fiu! contéstame. El contraste de color en un hórreo llama nuestra atención, son mazorcas o panochas a secar, ristras de colores, el amarillo entre gris y, orgullosa, La Pola de Somiedo como capital.

Y los ríos se unen, el río del Valle al río Somiedo, éste al Pigüeña que, a su vez tributa al Narcea, para finalizar en el Nalón y el mar recibiendo la riqueza de sus aguas como telón. Por el río del Valle seguimos. En una ladera, a nuestra siniestra, la aldea de

Urría. Un pequeño embalse represa sus guas. Cuando pasamos por la parroquia de Valle del Lago, nos elevamos. La Sierra de Llagüezos a nuestra derecha y, dando término al valle, un espectacular paisaje, monumento natural, el Conjunto Lacustre de Somiedo, cubetas y circos glaciares, El Lago del Valle, el mayor de todos ellos y de Asturias, es un adelanto a este simpar conjunto. En las laderas del Pico Cotalbo (2.073 m) vemos como un grupo de rebecos ascienden a saltos y zig-zags y, en las orillas del lago, una cabana de teito como testigo de nuestro pasar. Agrupados y entre cubetas, el Lago Cerveriz, el misterioso Lago Negro, y el Lago de la Cueva, conocidos también como los lagos de Saliencia. Tal vez sea uno de los espacios más interesantes e impactantes que hemos sobrevolado. Giramos en torno a ellos, planeamos, nos miramos y remiramos en sus tranquilas aguas, pasa el tiempo y no pasa, todo es paz y tranquilidad.

Sopdu, en pleno vuelo, se pone a llorar, está embarazada, tremendamente sensible. Y es en este espectacular lugar donde, entre sollozos, me transmite su dicha y un deseo, el de volar aún más. Ascendemos y ascendemos sobre el Lago Negro y, cuando la altura es colosal, nos dejamos caer en picado como tantas veces a la par. Caemos a gran velocidad, nuestro objetivo es el equinoccio del lago y sobre él, a una mínima distancia sobre las aguas, girar noventa grados y  rozar su superficie sin caer. Una vez más logramos el objetivo. Las alas desplegadas sobrevuelan paralelas a la tranquila superficie del lago. Sopdu se moja una pata en sus frías aguas, me adelanta y, abriéndola y cerrándola, me salpica al pasar. El aire me seca las gotas y volando, volando no paramos de reír.

Dejamos esta Reserva de la Biosfera, que tan buen sabor de boca nos ha dejado, cruzamos el río Saliencia  y,  más brañas en sus laderas, Braña de Ordiales de Endriga, Braña del Cullau, de Ordiales de Arbeyales asomándose al río Saliencia. El Cordal de la Mesa con su Camín de la Mesa y, entre cumbres, marcando la divisoria entre Somiedo y Teverga, entramos en el Concejo de Teverga.

# XXI

## TEVERGA

Giramos hacia el Sur. Hace tiempo que no probamos bocado y, ahora más que nunca Sopdu necesita algún que otro manjar. Mi vista rastrea las lindes de los bosques, rocas y matojos cuando, antes de llegar al Puerto Ventana, diviso una liebre de piornal, la seguimos a distancia, se ha separado del bosque, planeamos en silencio, sólo nuestras sombras pueden asustar a este presunto manjar, de piorno en piorno salta la liebre al sol, cuando una sombra oscurece su último salto al sol.

Con la liebre ya muerta y bien apresada, cambiamos de rumbo y nos adentramos en la Foz de la Estrechura. Cerca de Fresnedo vemos la entrada de una gran cueva a la cual nos dirigimos para degustar nuestro manjar, la llaman Cueva Huerta, y a ella entramos. Rozando las paredes y por su parte superior, la luz se empieza a esfumar y el reflejo de nuestras sombras rompen los claros que aún se ven, cuando un grupo de murciélagos asustados revolotean buscando su lugar. Al fin encontramos un saliente sobre el cual dejamos nuestro pesado equipaje y comenzamos a saciar nuestro apetito voraz. La cueva es inmensa, a la galería principal salen distintas galerías y las corrientes de aire y sonidos que nos llegan nos dan una percepción de su grandiosidad. Los silencios en la cueva se interrumpen con sonidos amplificados por la oquedad, se acalla el revoloteo del último murciélago asustado por nuestra incursión y los sonidos de las aguas del río San Pedro toman el lugar.

Saciada la fame dejamos la cueva, con el buche lleno y un equipaje desecho en un silencio sepulcral. Siguiendo la corriente del río Val de Sampedro llegamos a la capital del concejo de Teverga, La Plaza. Lo primero en divisar, la Colegiata de San Pedro (s. XI) con dos momias de religiosos del lugar. El enclave es prestoso y lo atravesamos con la alegría que produce el nuevo estado de Sopdu. El río Sampedro cambia su nombre y se convierte en el río Teverga  y una carretera se hermana con él.

Nos adentramos en la Sierra Peña Collada y, en un bosque cercano, el Busgosu hace de las suyas. Su aparición no deja de sorprendernos, mitad hombre mitad cabrito, torso, rostro y brazos humanos, patas y cuernos de cabrito. Como dueño y señor del bosque le vemos perseguir a dos cazadores furtivos, enemigos encarnizados para él. No dejará de perseguirlos hasta, que asustándoles, logre despeñarlos. Conocedor siempre del terreno, los suele guiar hasta intrincados acantilados para hacerles caer. Pero nuestro volar tiene que continuar, cuando observamos  en la lejanía cómo una pareja de buitres hace círculos sobre dos cuerpos despeñados e inertes. Es la ley natural, la ley del bosque.

Nos perdemos por el concejo de Quirós, sobrevolamos la Sierra de Gurrión, cruzamos el río Trubia y, cuando nos queremos dar cuenta, entramos en una aldea con un gran número de hórreos y paneras, Bermiego, donde un milenario ejemplar de texu  junto a la coqueta capilla de Santa María, nos transmite su energía y saber. Descendemos por el valle y cruzamos el embalse de Valdemurio. Nuestros suaves y silenciosos aleteos se dirigen al norte.

Entramos en el concejo de Proaza. Sobrevolamos Caranga de Riba y Caranga de Baxu, un cartel reza "Senda del Oso". A nuestra diestra la Sierra del Aramo. Entre castaños, alisos y avellanos nos fundimos con el desfiladero de Peñasxuntas para llegar a la capital homónima del concejo, Proaza. Vemos torres medievales, la iglesia, el Palacio de los González de Tuñón, junto a la Casa del Oso, donde enseñan cómo vive o intenta vivir el oso en libertad y,  más allá, en un cercado, tumbadas al sol, las osas más queridas de España, las famosas osas Paca y Tola.

Nos olvidamos de la Senda del Oso que, a través del valle del Trubia, une los concejos de Santo Adriano, Proaza, Quirós y Teverga. Atrás quedarán 25 km. de un antiguo trazado minero, hoy convertido en una ruta muy bien acondicionada, con vallas protectoras, fuentes, carteles informativos y gente de aquí para allá.

Un desfiladero nos llama, nos atrae, es el Desfiladero de las Xanas, Monumento Natural. El pueblo de Villanueva, encajado entre montañas, nos ha visto pasar. Sopdu, aunque es más grande que yo, mantiene un vuelo ágil, armónico, elegante. Da gusto verla volar y, embarazada, aún más. Una senda en la ladera se interna en un túnel excavado en una mole calcárea. En una pared unos hilos de agua intentando saltar confirman que, en pleno invierno, cascada son. El río Trubia con cariño los termina por recibir  mientras, escondidas tras las aguas, las Xanas tejen preciosas madejas de hilo de oro y se mantienen al acecho y en espera.

Seguimos la garganta. El arroyo Viescas o de las Xanas horada la tierra. En la ladera  la senda definida, dibujada, se ve con perfecta claridad. Unas cuerdas sujetas a las paredes protegen y aseguran el paso al viajero en los tramos de cierta dificultad, viajero peregrino, como nuestro apellido, ¡qué orgullo pertenecer a esta familia!, los falcónidos peregrinos. La senda ahora cruza un puente de madera y se dirige a la aldea de Pedroveya. Ya en el concejo de Quirós, un teixo centenario a los pies de una solitaria ermita nos invita al descanso, y así lo hacemos descendiendo sobre él.

Apenas hemos descansado cuando Sopdu me chista y se pone a volar. La sigo sin rechistar, la adelanto, nos elevamos, volamos hacia el este, el cielo color celeste y, al norte, el embalse de los Alfilorios a los pies de la Mostayala. En la distancia ya divisamos Santa Olaya o Santa Eulalia,  capital del concejo de Morcín. Dos ríos desembocan en ella, el Morcín y el Caudal. En ella cambiamos de rumbo y nos dirigimos al sur siguiendo el río Riosa. Un tajo en la peña nos enseña la Foz y en sus caleyas un museo nos llama la atención, el Museo de la Leche. Ríe Sopdu, y corrijo mi error, perdón, Museo Etnográfico de la Lechería, en torno a la cultura tradicional de la leche.

Ascendemos en nuestro volar, la vista es de escándalo como cantaría Raphael. En la Sierra del Aramo el picu Gamonal que Morcín comparte con Riosa y Quiros y, como apéndice de la sierra, el Monsacro, el Mons Sacrum, en el Mayáu de les Capilles, dos capillas, La Magdalena o de abajo y la de Santiago o de arriba, donde fue guardada el Arca Santa camino de la Cámara Santa de la Catedral de Oviedo, mi catedral y, entre vistas y recuerdos, sobrevolamos el concejo de Riosa.

Una carretera nos muestra una serpiente multicolor. Fijamos más nuestra atención y vemos que son ciclistas en fila que intentan llegar al L'Angliru, el Olimpo del Ciclismo, la cima de mayor dureza mundial en ciclismo. Ascienden con lentitud un rosario de bravos corredores, los últimos suben reptando, haciendo eses. En la Cueña les Cabres (23,5 %) alguien no puede con el esfuerzo y cae, son kilómetros de sufrimiento, de dolor y color. Ahí les dejamos, cuando una pareja de halcones desciende sobre la capital de Riosa, La Vega. La villa es hermosa, está muy cuidada, con su Ayuntamiento e Iglesia parroquial. La carretera la parte y la divide en dos.

Muy poco nos entretenemos, seguimos hacia el sur, a nuestra diestra quedan la Felguera, Llamo y Rioseco cuando ya estamos viendo la capital de Lena, La Pola, La Pola de Lena.

# XXII

## PUERTAS DE ASTURIAS

Descendemos sobre La Pola  y damos dos vueltas por ella. la autopista condiciona La Pola. En la villa destacan algunas casonas indianas. Un grupo de jóvenes se reúnen frente a una casa, es la casa natal de Vital Aza, gran poeta y comediógrafo lenense. Otra casa llama nuestra atención, el palacio del Marqués de Santa María de Carrizo o de Vicente Regueral. Sopdu radiante, con su nuevo estado, no para de subir, de bajar, dos cuerpos, un par de ballestas cruzando la ciudad, hacia el sur.

En las afueras, a nuestra siniestra, descubrimos una ermita que nos asombra por su sencillez. Tanto a Sopdu como a mí, siempre que las vemos nos recuerdan las casitas de madera, que hechas con amor, dejan en las ramas los forestales para refugio de pájaros y aves. La llaman "la iglesia de las esquinas", es la iglesia prerrománica de Santa Cristina de Lena, Patrimonio de la Humanidad. Su entrada con arquería triple llama la atención, solitaria sobre un pequeño y tranquilo otero contrasta con la autopista del Huerna. A sus pies, en paralelo, el río Huerna  ni se ve, pero nos devuelve a la realidad. Dejamos la autopista, la A-66 como reza un gran cartel, y seguimos la carretera nacional. Al fondo se ve el macizo de Ubiña  y picos impresionantes que con gran desnivel se asoman al valle del Huerna.

La carretera sube, asciende, desde las alturas el desnivel apenas se aprecia, en un cartel una leyenda, Puerto de Pajares. Ya rozando nuestras patitas, Fresnedo y el Puente de los Fierros. Por el valle el río Pajares nos acompaña, al sureste se perfila la Sierra de los Pasos de Arbás y, en su extremo, el pico de los Tres

Concejos (2020 m), por asomarse a los concejos asturianos de Lena, Aller y al leones de Villamanín.

Sobrevolamos Pajares y nos sorprende su estación de estilo montañés, es el pueblo natal de los hermanos Menéndez Pidal, abriendo el pico me lo corrobora Sopdu con un ¡Si ho!. Ascendemos para disfrutar aún más de estas vistas colosales. Ya en el puerto se divisa en el Brañillín la estación invernal de Valgrande-Pajares, pero mejor la dejamos para cuando lleguen las nieves por payares.

Estos límites de Lena y Aller con León son puerta de entrada, puerta de comunicación. Sus puertos, son los más notables de León y de Asturias, sus vías cruzan este límite central. Hacia el oeste, por encima de los 2400 m de altura, asoma Peña Ubiña y, entre la peña y el pico del Negrón, el Puerto del Palo o de la Cubilla.

El túnel del Negrón, con sus más de 4 kilómetros de longitud, abre sus fauces, escupe y devora a cientos de vehículos que cada día se encarrilan por la A-66 ó la Autopista del Huerna. Un poquito más allá, la vía férrea, la carretera nacional, primero camino romano, después medieval, camino de Santiago, camino real, paso de comunicación entre la meseta y Asturias, y un doble túnel de 25 km que salva por su interior la cordillera Cantábrica en espera del tren de alta velocidad, el AVE.

Trenes que son AVES, aves que son reyes, reyes que pierden el tren, diga treinta y tres, y Sopdu dice treinta y tres. ¡Aaaah! Mi fiel amiga, mi amante, mi confidente, mi acompañante, mi tren.

Sobrevolamos la cordillera Cantábrica por Los Pasos de Arbás. A nuestros pies una vía romana, la Vía de la Carisa, realizada entre los años 16 a 14 a.C. en su penetración a Asturias por la Legio VII Gemina. Lleva su nombre en honor al general romano Publio Carisio, fundador de la Emérita Augusta y gobernador de la Lusitania, enviado por el emperador Augusto con el fin de someter a los aguerridos Astures. Próximo a ella y entre el concejo de Lena y Aller, nos encontramos con el castro de la Carisa, uno de los campamentos romano más alto de la región.

Sopdu, en pleno vuelo, empieza a jugar con los nombres de sus polluelos, si son cuatro, se llamarán Kan, Ken, King y Kong. ¿Y si son cinco?, pregunto, pues entonces los nombres empezarán por S, Sam, Sem, Sim, Som y Sum, ¿Y sin son seis?, entonces por P, Pam, Pem, Pim, Pom, Pum y Fuego, y no puedo evitar, sonreír, reír, toser, llorar y, entre aleteos convulsos, sobrevolando el Pico de los Tres Concejos, entramos en el concejo de Aller.

Nos asomamos al pico Rañadoiro (2131 m), León a nuestra diestra expectante ante la cordillera Cantábrica, volamos rozando sus crestas el límite natural, pasamos el puerto de Piedrafita y descendemos por el río Llamanzanes para encontrarnos con el río Aller. Al fondo la Sierra de las Fuentes de Invierno dan nombre a la Estación Invernal, se activa y entra en acción con las nieves al igual que su hermana mayor la Estación de San Isidro ya en León. Puerto de Pajares, Puerto de Piedrafita, Puerto de San Isidro, puertos de entrada y salida de Asturias, puertas centrales de Asturias y una palabra comunicación

# XXIII

## SIGUE, SIGUE

Vemos unas hoces, las Foces del río Aller. Siguiendo su cauce llegamos a la villa de Casomera, a su vera Villar. A Sopdu la veo tranquila, demasiado tranquila, Sopdu  "tas descansau como la muela d´abaxu". Sonríe y, en pleno vuelo, posa como las bailarinas de Degas. Con la gravedad cae para volver a volar, y lo vuelve hacer, no puedo evitar reír y reír y entre risas le grito ¡te me vas a matar!, ni caso, ta feliz.

Nos elevamos y cruzamos una parte de la Sierra Fuentes de Invierno. A nuestra izquierda el Pico Cueto. Cuando divisamos las Foces del Pino, sobrevolamos la majada Fondil, con sus cabañas y parcelaciones  de muros de piedra y nos adentramos en el curso del río Pino, su desgaste a través de los siglos ha seccionado la masa caliza. Saltos de agua, rápidos y cascadas, entre rocas, paredes y vegetación adornan este angosto cauce. Su desnivel vuelve a sus aguas veloces y alegres y, una vez más, la natura con su belleza ha hecho que el hombre lo declare Monumento Natural. El río ahora se amansa, se ensancha.

En Les Praones un texu centenario impertérrito observa nuestro volar. Un sonoro repiqueteo llega a nuestros oídos, una serie de golpes cada dos segundos, repetidos hasta diez veces por minuto, seguidos de un estridente y agudo chillido, tantas veces escuchado. Es el picamaderos negro, uno de los mayores pájaros carpinteros que, con el tamborileo, delimita la propiedad del territorio, territorio que, en período de cría, el macho defiende con pico y garras hasta la muerte. Por eso preferimos dejar en la distancia ese sonar cuando, planeando, atravesamos el río San

Isidro y llegamos al pueblo de El Pino. En el pueblo unas cuantas casas, La casa de la Torre, la casa del Patio, la del Corralón, la Casona, unos hórreos y la iglesia de San Félix que, con felicidad, tañe sus campanas al paso de la feliz Sopdu, y un escudo repetido el de los Ordoñez, "Cruz, castillo, pino y león armas de los Ordoñez son". La última palabra de una canción llega a nuestros oídos, "**...piñones**". Una niña vemos y, con un soniquete especial, canta **"Chiiiincha raaapiña, que tengo una piña con muchos piñones"**. Claro, claro, estamos en el pueblo de El Pino, y nos echamos a reír.

Muy cerquita Felechosa, seguimos raseando el curso del río San Isidro, salpicándonos constantemente al rozar con nuestros cuerpos sus cristalinas aguas, juego peligroso pero un reto para los dos. Paralelo a él la carretera local uniendo y dividiendo pueblos. Una piedra en la Pola del Pino, el Moyón de la Corrala, llama la atención de Sopdu. Monumento ancestral a la fertilidad, monolito fálico, hincado verticalmente y con la altura de un hombre, aguanta el pasar del tiempo, es la virilidad, la eterna virilidad del hombre.

El río nos lleva a Santibáñez de la Fuente. Un tejo milenario nos invita en sus frondosas ramas a descansar y aceptamos la invitación. Situado frente a la iglesia de San Juan de Riomiera, el texu la vio a sus pies crecer, declarado monumento natural, y protegido por el hombre, hoy protege a dos halcones, devolviendo su favor . Desde este lugar  nuestra vista alcanza los pueblos de Collanzo, Cuerigo y el cauce del río Aller. La vista es prodigiosa y nos dedicamos a observar la entrada a la iglesia en forja, la espadaña con sus huecos y dos campanas que bautizamos con nuestros nombres Sopdu y Kan. Al igual que nosotros, su gran aliado es el aire, el viento, la altura, solo una gran diferencia con nosotros, no son libres, están atadas, atadas al hombre. Por eso, cuando volamos, apreciamos aun más nuestra libertad.

Pasa el tiempo, ya es hora de volar y seguimos el cauce del río San Isidro, con sus aguas claras y limpias, y en nuestra mente revolotea una canción  "Arroyo claro fuente serena, quien te lavó el pañuelo saber quisiera. Agáchate y vuélvete a agachar, que los agachaditos no saben bailar"  y un mirlo de orilla a orilla se salva porque aún no fai fame. Por el norte, en el concejo de Laviana, asoma la Peña Mea perfilándose sobre un cielo azul. Cruzamos el pueblo de Llevinco y divisamos la capital del concejo de Aller, Cabañaquinta. En su entrada dos perros juegan y Sopdu me dice "Perrín veichu ía perrín nuevu fan mal xuegu" ¿eh? y me lo vuelve a repetir, y así es, el viejo se cansa del joven y el joven no para de jugar. En la villa el río se hermana con la Avenida de San Isidro. Una playa artificial me indica Sopdu, mas allá dos cipreses en el Ayuntamiento hacen guardia y dan la bienvenida a quien por allí se deja caer, damos dos vueltas, hórreos, corredores de madera y, con un ángulo de noventa grados, cambiamos de dirección y, dejando el río San Isidro, volamos al norte.

El concejo de Laviana a nuestras patitas. Sopdu feliz, yo preocupado, pues me ha dado un pinchazo el corazón, presentimiento, intuición o un salto en el ritmo del corazón. Miro a Sopdu y, con su alegría, olvido el comezón.

Pronto seremos padres, nuestra primera nidada, nuestros primeros cuidados, ¡Que gran ilusión! ¿Se parecerán a papá, serán como mamá?

Divisamos la aldea de Fresnedo y la Peña Mea, majestuosa, erigiéndose en centinela de esta aldea, la peña nos atrae. Sobrevolamos el collau el Mayaón, cuando vemos por delante una bandada de palomas. ¡A por ellas!, gritamos al unísono. Nos situamos por encima y por detrás. Sopdu me guiña un ojo, aún no nos han visto. Rápidamente descendemos sobre ellas cuando oigo un tremendo estruendo y siento un fuerte dolor, otro más, son disparos. El tiempo se ralentiza, los movimientos siguen su compás volviéndose lentos, superlentos. Veo la dispersión de la bandada, plumas ensangrentadas en cámara lenta caer, tres palabras saliendo de mi pico ¡Sigue, sigue, Sopdu!, mi cuerpo en caída libre dando vueltas, las alas sin responder, la vista se me nubla. Un matorral por fin frena la caída, pierdo el sentido, lo vuelvo a recobrar, cuando siento el crujir de mis costillas al cerrarse unas mandíbulas de pointer en mi ya de por sí maltrecho cuerpo. Oigo voces, ¡allí, allí!, y mis ojos cerrándose con la última visión. A gran altura, haciendo círculos, un halcón y mis últimas palabras balbuceando saliendo de mi pico, intentando gritar ¡Sigue, sigue, Sopdu!

# ÍNDICE

www.ingramcontent.com/pod-product-compliance
Lightning Source LLC
Chambersburg PA
CBHW071153130726
47998CB00002B/495